2021

# Training

Abschlussprüfung

Realschule Niedersachsen

# Mathematik

## LÖSUNGEN

**STARK**

© 2020 Stark Verlag GmbH
16. ergänzte Auflage
www.stark-verlag.de

# Inhalt

Das Corona-Virus hat im vergangenen Schuljahr auch die Prüfungsabläufe durcheinandergebracht und manches verzögert. Daher sind die Lösungen zur Prüfung 2020 in diesem Jahr nicht im Buch abgedruckt, sondern erscheinen in digitaler Form. Sobald die Original-Prüfungsaufgaben 2020 zur Veröffentlichung freigegeben sind, kannst du sie als PDF auf der Plattform MyStark herunterladen.

# Vorwort

**Liebe Schülerin, lieber Schüler,**

dies ist das Lösungsbuch zu dem Band **Training Abschlussprüfung Niedersachsen 2021** (Best.-Nr.: 31500) und zur **Kombination aus Trainingsband und Interaktivem Training** (Best.-Nr.: 31500ML). Es enthält zu allen Aufgaben von unserer Autorin und unseren Autoren ausgearbeitete Lösungen, die jeden Rechenschritt ausführlich erklären. Zahlreiche Skizzen zur Veranschaulichung dienen dem besseren Verständnis der Lösungen und helfen dir beim Nachvollziehen von Sachverhalten.

Versuche stets, jede Aufgabe zunächst selbstständig zu lösen, und erst dann deine Lösung mit der Lösung im Buch zu vergleichen. Nur was du dir selbst erarbeitet hast, bleibt im Gedächtnis und du lernst dazu. Halte dich deswegen konsequent daran, jede Aufgabe zunächst selbst zu rechnen. Hast du eine Aufgabe nicht richtig gelöst, ist es ganz wichtig, diese zu einem späteren Zeitpunkt noch einmal durchzurechnen.

Durch das Üben wirst du dich sicher fühlen und kannst beruhigt in die Prüfung gehen.

Wir wünschen dir viel Erfolg!

**Autorin und Autoren:**

Jan-Hinnerk Ahlers, Ursula Hollen, Dietmar Steiner, Henner Striedelmeyer

# 1    Wiederholung Grundlagen

**1**    $u = 2 \cdot \ell + 2 \cdot b$
$2b = u - 2\ell$
$b = 15\,\text{cm} - \ell$

$\big|\,30\,\text{cm für } u \text{ eingesetzt} \quad \big|\,:2$

**2**    a)   $1,5x + 2y$

b)   $x \cdot y - (x - y)$

c)   $(2y - x) - \dfrac{0,5x}{(x - y)}$

d)   $3x - \dfrac{y}{4}$   oder   $3x - 0,25y$

**3**    a)   $T(2) = 3 \cdot 2^2 - 2 \cdot 2 + 5$
$T(2) = 13$

$T(-1) = 3 \cdot (-1)^2 - 2 \cdot (-1) + 5$
$T(-1) = 10$

$T\!\left(\dfrac{1}{2}\right) = 3 \cdot \left(\dfrac{1}{2}\right)^2 - 2 \cdot \left(\dfrac{1}{2}\right) + 5$
$T\!\left(\dfrac{1}{2}\right) = \dfrac{19}{4}$

b)   $T(2) = 2^3 + 2 \cdot 2^2 - 7$
$T(2) = 9$

$T(-1) = (-1)^3 + 2 \cdot (-1)^2 - 7$
$T(-1) = -6$

$T\!\left(\dfrac{1}{2}\right) = \left(\dfrac{1}{2}\right)^3 + 2 \cdot \left(\dfrac{1}{2}\right)^2 - 7$
$T\!\left(\dfrac{1}{2}\right) = \dfrac{1}{8} + \dfrac{1}{2} - 7 = -\dfrac{51}{8}$

c)   $T(2) = -2 \cdot 2^2 + 3 \cdot 2 - 1$
$T(2) = -3$

$T(-1) = -2 \cdot (-1)^2 + 3 \cdot (-1) - 1$
$T(-1) = -6$

$T\!\left(\dfrac{1}{2}\right) = -2 \cdot \left(\dfrac{1}{2}\right)^2 + 3 \cdot \dfrac{1}{2} - 1$
$T\!\left(\dfrac{1}{2}\right) = -\dfrac{1}{2} + \dfrac{3}{2} - 1 = 0$

**4**    a)   $T(1; -1) = 3 \cdot 1 + \dfrac{-1}{4} - 5(1 - 2,5)$

$\big|\,1 \text{ für } x \text{ und } -1 \text{ für } y \text{ einsetzen}$

$T(1; -1) = 3 - \dfrac{1}{4} + 7,5$

$T(1; -1) = 10,25$

b)   $T(1; -1) = 2,7 \cdot 1 - (1 + 1) : (-1) - 1$

$\big|\,1 \text{ für } x \text{ und } -1 \text{ für } y \text{ einsetzen}$

$T(1; -1) = 2,7 + 2 - 1$

$T(1; -1) = 3,7$

**5**    $\dfrac{(2 - w^2) \cdot 3w}{w^2}$

Für $w = 2$ eingesetzt: $\dfrac{(2 - 2^2) \cdot 3 \cdot 2}{2^2} = \dfrac{(2 - 4) \cdot 6}{4} = \dfrac{-2 \cdot 6}{4} = \dfrac{-12}{4} = -3$

Für $w = -1$ eingesetzt: $\dfrac{(2 - (-1)^2) \cdot 3 \cdot (-1)}{(-1)^2} = \dfrac{(2 - 1) \cdot 3 \cdot (-1)}{1} = \dfrac{1 \cdot 3 \cdot (-1)}{1} = \dfrac{-3}{1} = -3$

Für $w = 5$ eingesetzt: $\dfrac{(2 - 5^2) \cdot 3 \cdot 5}{5^2} = \dfrac{(2 - 25) \cdot 3 \cdot 5}{25} = \dfrac{-23 \cdot 3 \cdot \cancel{5}^{\,1}}{\cancel{25}_{\,5}} = \dfrac{-23 \cdot 3}{5} = -\dfrac{69}{5} = -13\dfrac{4}{5}$

**6**    a)   $2x - 3,5$

b)   $-3a - 4,325$

c)   $-x + \dfrac{3}{2} - \dfrac{10}{3} - \dfrac{1}{6} = -x + \dfrac{3 \cdot 3 - 10 \cdot 2 - 1}{6} = -x - 2$

d)   $-2,4a - 11,18$

**7**  a)  $-5x$

b)  $-\dfrac{2}{3}a - \dfrac{1}{6}a - \dfrac{10}{3}a = -\dfrac{4}{6}a - \dfrac{1}{6}a - \dfrac{20}{6}a = -\dfrac{25}{6}a$

c)  $-2x^2 + \dfrac{3}{5}x^2 = -\dfrac{10}{5}x^2 + \dfrac{3}{5}x^2 = -\dfrac{7}{5}x^2$

d)  $-ab + a - 5$

**8**  a)  $-2x + 4,5y + 6x - 4y = 4x + 0,5y$

b)  $-2x + 4,6y - 3,4x - 4y = -5,4x + 0,6y$

**9**  a)  $5a - 3a - b = 2a - b$

b)  $5a + 3a + 2b = 8a + 2b$

**10**  a)  $6x - 10y + 24y - 21x = -15x + 14y$

b)  $27a - 12a + 6b + 12c + 3b - 3c = 15a + 9b + 9c$

c)  $3x - 15y - 3x + 6y + 15 = -9y + 15$

d)  $133a - 224a + 126b + 105b = -91a + 231b$

**11**  a)  $x + x^2$

b)  $\dfrac{1}{2}x^2 + x + x^2 = \dfrac{3}{2}x^2 + x$

c)  $x^2 + 1,2x^2 + 0,4x = 2,2x^2 + 0,4x$

d)  $x^2 + 0,1x + 0,1x^2 = 1,1x^2 + 0,1x$

**12**  a)  $15x - y - 6$

b)  $51a^2 - 14,1ab - 0,9ab - 2,25b^2 = 51a^2 - 15ab - 2,25b^2$

c)  $(-2x + y)\cdot(-2y) = 4xy - 2y^2$

d)  $21u^2 + 28uv - 42u - 28uv + 12v^2 - 56v + 42u + 56v = 21u^2 + 12v^2$

**13**  a)  $x^2 - 6xy + 9y^2$  (2. binomische Formel)

b)  $16x^2 + 24xy + 9y^2$  (1. binomische Formel)

c)  $6,25x^2 - y^2$  (3. binomische Formel)

d)  $0,25a^2 - 5ab + 25b^2$  (2. binomische Formel)

e)  $\dfrac{1}{9}r^2 + \dfrac{2}{15}rs + \dfrac{1}{25}s^2$  (1. binomische Formel)

f)  $\dfrac{64}{9}u^2 - \dfrac{9}{16}v^2$  (3. binomische Formel)

**14**  a)  $16a^2 - 9b^2$

b)  $56,25a^2 - 4b^2$

c)  $\dfrac{1}{16} - x^2$

d)  $4x^2 - 4x + 1$

e)  $\dfrac{4}{9}a^2 + \dfrac{4}{3}ab + b^2$

f)  $\dfrac{a^2b^2}{9} + \dfrac{2a^2b}{7} + \dfrac{9a^2}{49}$

**15**  a)  $x^2 - 2x + 1 - 1 + 2x - x^2 = 0$

b)  $(5a + 3b)\cdot(5a - 3b)\cdot(-1) - (49a^2 - 56ab + 16b^2) + (7b - 56a)\cdot b$
$= -25a^2 + 9b^2 - 49a^2 + 56ab - 16b^2 + 7b^2 - 56ab = -74a^2$

c)  $a^2 - (3 + 2b)^2 + (3 + b)\cdot 4b = a^2 - 9 - 12b - 4b^2 + 12b + 4b^2 = a^2 - 9 = (a + 3)\cdot(a - 3)$

d)  $(x^4 + 2x^2 + 1)\cdot(x^4 - 2x^2 + 1) = x^8 - 2x^6 + x^4 + 2x^6 - 4x^4 + 2x^2 + x^4 - 2x^2 + 1 = x^8 - 2x^4 + 1$

**16**  a)  $\dfrac{7}{2}\cdot\dfrac{2}{7} = 1$  $\Big|$ Statt durch $3,5 = \dfrac{7}{2}$ zu dividieren, wird mit $\dfrac{2}{7}$ multipliziert.

b)  $0,7\cdot 0,7 = 0,49$

c) $3,2 \cdot 1,3 + 6,8 \cdot 1,3 = 1,3 \cdot (3,2 + 6,8) = 1,3 \cdot 10 = 13$

**17** a) $13 + 3 = 16$      b) $0 + 17,4 = 17,4$      c) $1 + 2 = 3$

**18** a) $-8ab + 16ab = 8ab$      b) $\dfrac{a^2}{2a} - \dfrac{-a \cdot (-1)}{2} - \dfrac{a}{2} = \dfrac{a}{2} - \dfrac{a}{2} - \dfrac{a}{2} = -\dfrac{a}{2}$

**19** a) $6ab + 6ab = 12ab$

b) $-5c + 2 + c - \dfrac{c}{4} - \dfrac{c^2}{2} : \left( c \cdot \dfrac{c}{1} \right) = -4c - \dfrac{c}{4} + 2 - \dfrac{c^2}{2} : c^2 = -4c - \dfrac{c}{4} + 2 - \dfrac{1}{2} = -\dfrac{17}{4}c + \dfrac{3}{2}$

c) $7b - 7b + \dfrac{b}{2} = \dfrac{b}{2}$

d) $4a - b + 16b + \left[ \left( 4a \cdot \dfrac{a^2}{1} \right) : (-a^2) \right] \cdot 15b = 4a + 15b + [4a^3 : (-a^2)] \cdot 15b = 4a + 15b - 60ab$

**20** a) $9 \cdot (3x - 2y - 6z)$      b) $13a \cdot (2x^2 - 3ax + 13a^2)$

c) $x^2 yz^2 \cdot (xy^3 + 5z - 7x^2 y^2 z^2)$      d) $-7r^2 t^3 \cdot (3r^3 t^3 + 5t + 4r)$

**21** a) 
$$3x - 17 = 19 \quad | +17$$
$$3x = 36 \quad | : 3$$
$$x = 12$$
für $x \in \mathbb{N}$: $L = \{12\}$
für $x \in \mathbb{Z}$: $L = \{12\}$

b) 
$$\frac{9}{25} = \frac{x}{75} \quad | \cdot 75$$
$$x = 27$$
für $x \in \mathbb{N}$: $L = \{27\}$
für $x \in \mathbb{Z}$: $L = \{27\}$

c) 
$$-4x + 6 = 10x - 8 \quad | -10x - 6$$
$$-14x = -14 \quad | : (-14)$$
$$x = 1$$
für $x \in \mathbb{N}$: $L = \{1\}$
für $x \in \mathbb{Z}$: $L = \{1\}$

**22** a) 
$$2(x + 24) = 100 \quad | \text{Klammern auflösen}$$
$$2x + 48 = 100 \quad | -48$$
$$2x = 52 \quad | : 2$$
$$x = 26$$
$$L = \{26\}$$

b) 
$$8x - (2x + 6) + (8 - 4x) = 0 \quad | \text{Klammern auflösen}$$
$$8x - 2x - 6 + 8 - 4x = 0 \quad | \text{zusammenfassen}$$
$$2x + 2 = 0 \quad | -2$$
$$2x = -2 \quad | : 2$$
$$x = -1$$
$$L = \{-1\}$$

c) 
$$14x - (16 - 6x) = 56 \quad | \text{Klammern auflösen}$$
$$14x - 16 + 6x = 56 \quad | \text{zusammenfassen}$$
$$20x - 16 = 56 \quad | +16$$
$$20x = 72 \quad | : 20$$
$$x = \frac{72}{20} \quad | \text{kürzen}$$
$$x = \frac{18}{5} \quad \text{oder } x = 3,6$$
$$L = \{3,6\}$$

**23** a)   $\dfrac{4x-6}{7}=5$   $\qquad |\cdot 7$

$\qquad 4x-6=35$   $\qquad |+6$

$\qquad 4x=41$   $\qquad |:4$

$\qquad x=10\dfrac{1}{4}$

$\qquad L=\left\{10\dfrac{1}{4}\right\}$

b)   $\dfrac{x}{15}=\dfrac{21}{63}$   Kürzen auf der rechten Seite

$\qquad \dfrac{x}{15}=\dfrac{1}{3}$   $\qquad |\cdot 15$

$\qquad x=\dfrac{15}{3}$

$\qquad x=5$

$\qquad L=\{5\}$

c)   $\dfrac{15}{x}=\dfrac{3}{5}$   $\qquad |\cdot 5x$

$\qquad 15\cdot 5=3x$   $\qquad |:3$

$\qquad 25=3$

$\qquad L=\{25\}$

**24** a)

| Gesuchte Zahl: | $x$ |
|---|---|
| das Doppelte: | $2x$ |
| vermindert um 6: | $-6$ |
| Gleichung aufstellen: | $2x-6=18$ |

Gleichung lösen:   $2x-6=18$   $\qquad |+6$

$\qquad 2x=24$   $\qquad |:2$

$\qquad x=12$

$\qquad L=\{12\}$

b)

| Gesuchte Zahl: | $x$ |
|---|---|
| Summe aus der gesuchten Zahl und 2,5: | $x+2,5$ |
| mit 8 multipliziert: | $\cdot 8$ |
| Gleichung aufstellen: | $(x+2,5)\cdot 8=-4$ |

Gleichung lösen:   $(x+2,5)\cdot 8=-4$   $\qquad |:8$

$\qquad x+2,5=-\dfrac{4}{8}$   $\qquad |-2,5$

$\qquad x=-\dfrac{1}{2}-2,5$

$\qquad x=-3$

$\qquad L=\{-3\}$

c)

| Gesuchte Zahl: | $x$ |
|---|---|
| Dreifaches der Zahl: | $3x$ |
| Differenz aus dem Dreifachen und 4: | $3x-4$ |
| Summe aus der Zahl und 1: | $x+1$ |
| Vierfaches aus der Summe der Zahl und 1: | $4\cdot(x+1)$ |
| Gleichung aufstellen: | $3x-4=4\cdot(x+1)$ |

Gleichung lösen:   $3x-4=4\cdot(x+1)$   Klammer auflösen

$\qquad 3x-4=4x+4$   $\qquad |+4-4x$

$\qquad -x=8$   $\qquad |\cdot(-1)$

$\qquad x=-8$

$\qquad L=\{-8\}$

**25** a)

| Anzahl der Gäste aus Bremen: | $x$ |
|---|---|
| Anzahl der Gäste aus Hamburg: | $2x$ |
| Anzahl der Gäste aus Niedersachsen: | $5x$ |

Gleichung aufstellen: $x + 2x + 5x = 48$

$$8x = 48 \quad | : 8$$

$$x = 6$$

Es sind 6 Gäste aus Bremen, 12 Gäste aus Hamburg und 30 Gäste aus Niedersachsen.

b) Preis für eine Maus: $\quad\quad x \, €$

Gleichung aufstellen: $\quad 12x + 3,95\,€ + 87,45\,€ = 350\,€$

Gleichung lösen: $\quad 12x + 91,40\,€ = 350\,€ \quad | -91,40$

$$12x = 258,60\,€ \quad | : 12$$

$$x = 21,55\,€$$

Eine Maus kostete 21,55 €.

c) Kleinste der Zahlen: $\quad\quad x$

zweite Zahl: $\quad\quad\quad x + 1$

dritte Zahl: $\quad\quad\quad x + 2$

vierte Zahl: $\quad\quad\quad x + 3$

Gleichung aufstellen: $\quad x + (x+1) + (x+2) + (x+3) = -2$

Gleichung lösen: $\quad x + (x+1) + (x+2) + (x+3) = -2 \quad$ Zusammenfassen

$$4x + 6 = -2 \quad | -6$$

$$4x = -8 \quad | : 4$$

$$x = -2$$

Die Zahlen heißen –2, –1, 0 und 1.

---

**26** a) $2x - 8 > 12 \quad\quad | +8$

$\quad\quad 2x > 20 \quad\quad | : 2$

$\quad\quad\quad x > 10$

$\quad\quad L = \{x \mid x > 10\}$

b) $1 - x > -2 \quad\quad | -1$

$\quad\quad -x > -3 \quad\quad | \cdot (-1) \, !$

$\quad\quad\quad x < 3$

$\quad\quad L = \{x \mid x < 3\}$

c) $5 - 8x < x - 7 \quad\quad | -5 - x$

$\quad\quad -9x < -12 \quad\quad | : (-9) \, !$

$\quad\quad\quad x > \dfrac{12}{9}$

$\quad\quad\quad x > \dfrac{4}{3}$

$\quad\quad L = \left\{ x \mid x > \dfrac{4}{3} \right\}$

d) $5,4 \cdot (2x - 1,8) < 2,7 \cdot (3x - 1,9)$

$\quad 10,8x - 9,72 < 8,1x - 5,13 \quad | +9,72 - 8,1x$

$\quad\quad 2,7x < 4,59 \quad\quad | : 2,7$

$\quad\quad\quad x < 1,7$

$\quad\quad L = \{x \mid x < 1,7\}$

oder: $\quad 5,4 \cdot (2x - 1,8) < 2,7 \cdot (3x - 1,9) \quad | : 2,7$

$\quad\quad 2(2x - 1,8) < 3x - 1,9$

$\quad\quad 4x - 3,6 < 3x - 1,9 \quad\quad | -3x + 3,6$

$\quad\quad\quad x < 1,7$

$\quad\quad L = \{x \mid x < 1,7\}$

e) $\dfrac{2}{5}x - 1 < \dfrac{3}{5} \quad\quad | +1$

$\quad\quad \dfrac{2}{5}x < \dfrac{8}{5} \quad\quad | \cdot \dfrac{5}{2}$

$\quad\quad\quad x < 4$

$\quad\quad L = \{x \mid x < 4\}$

f) $-11x + (17 - 3x) \cdot 3 < 7 - \dfrac{2}{5} \cdot \left( 50x - 3\dfrac{4}{7} \right)$

$\quad -11x + 51 - 9x < 7 - 20x + \dfrac{10}{7}$

$\quad -20x + 51 < -20x + \dfrac{59}{7} \quad | +20x - \dfrac{59}{7}$

$\quad\quad \dfrac{298}{7} < 0$

Dies ist eine falsche Aussage, deshalb ist die Ungleichung für keine reelle Zahl erfüllt. $L = \varnothing$

**27** a) $x + \dfrac{3}{4} \ge -2,75$ $\qquad\qquad |-0,75$

$\qquad x \ge -3,5$

$\qquad L = \{x \mid x \ge -3,5\}$

b) $1 - x \ge 16 - 16x$ $\qquad\qquad |+16x - 1$

$\qquad 15x \ge 15$ $\qquad\qquad\qquad\ |:15$

$\qquad\ x \ge 1$

$\qquad L = \{x \mid x \ge 1\}$

c) $0,1x - 14,6 \ge 5,4 - 0,1x$ $\qquad |+0,1x + 14,6$

$\qquad 0,2x \ge 20$ $\qquad\qquad\qquad |:0,2$

$\qquad\ x \ge 100$

$\qquad L = \{x \mid x \ge 100\}$

d) $(x - 2) \cdot x - (x + 3)(x + 2) \le 0$

$\quad x^2 - 2x - (x^2 + 2x + 3x + 6) \le 0$

$\qquad x^2 - 2x - x^2 - 5x - 6 \le 0$

$\qquad\qquad\qquad -7x - 6 \le 0 \quad |+6$

$\qquad\qquad\qquad\ -7x \le 6 \quad |:(-7)\,!$

$\qquad\qquad\qquad\qquad x \ge -\dfrac{6}{7}$

$\qquad\qquad\qquad L = \left\{x \mid x \ge -\dfrac{6}{7}\right\}$

---

**28** Menge in kg: y $\qquad$ Preis in €: x

$y = \dfrac{25 \text{ kg}}{20 \text{ €}} \cdot x$

$y = \dfrac{25 \text{ kg}}{20 \text{ €}} \cdot 16\,€$

$y = 20 \text{ kg}$

---

**29** $s = v_1 \cdot t_1$ und $s = v_2 \cdot t_2$

$s = 50\,\dfrac{\text{km}}{\text{h}} \cdot 5\,\text{h} = 250 \text{ km}$

$t_2 = \dfrac{s}{v_2} = \dfrac{250 \text{ km}}{75\,\frac{\text{km}}{\text{h}}} = \dfrac{10}{3}\,\text{h} = 3\dfrac{1}{3}\,\text{h} = 3\,\text{h}\,\dfrac{20}{60}\,\text{h} = 3\,\text{h}\,20\,\text{min}$

---

**30** a) Jahresverbrauch von 50 kWh:

A: $\text{Preis}_A = 26,46\,€ + 28,71\,\dfrac{\text{Cent}}{\text{kWh}} \cdot 50 \text{ kWh}$

$\quad \text{Preis}_A \approx 40,82\,€$

B: $\text{Preis}_B = 24,47\,€ + 31,52\,\dfrac{\text{Cent}}{\text{kWh}} \cdot 50 \text{ kWh}$

$\quad \text{Preis}_B = 40,23\,€$

Jahresverbrauch von 150 kWh:

A: $\text{Preis}_A = 26,46\,€ + 28,71\,\dfrac{\text{Cent}}{\text{kWh}} \cdot 150 \text{ kWh}$

$\quad \text{Preis}_A \approx 69,53\,€$

B: $\text{Preis}_B = 24,47\,€ + 31,52\,\dfrac{\text{Cent}}{\text{kWh}} \cdot 150\,\text{kWh}$

$\text{Preis}_B = 71,75\,€$

Bei einem Jahresverbrauch von 50 kWh ist Anbieter B, bei einem Verbrauch von 150 kWh ist Anbieter A günstiger.

b) Jahresverbrauch von 3 200 kWh:

A: $\text{Preis}_A = 49,99\,€ + 15,42\,\dfrac{\text{Cent}}{\text{kWh}} \cdot 3\,200\,\text{kWh}$

$\text{Preis}_A = 543,43\,€$

B: $\text{Preis}_B = 39,15\,€ + 14,98\,\dfrac{\text{Cent}}{\text{kWh}} \cdot 3\,200\,\text{kWh}$

$\text{Preis}_B = 518,51\,€$

Die Familie wird sich für Anbieter B entscheiden.

c) Der zu zahlende Betrag y in Abhängigkeit von der Jahresabnahme x lässt sich für den Anbieter durch die folgenden Gleichungen darstellen:

A: $y = \dfrac{28,71}{100}\,\dfrac{€}{\text{kWh}} \cdot x + 26,46\,€$     (1)

B: $y = \dfrac{31,52}{100}\,\dfrac{€}{\text{kWh}} \cdot x + 24,47\,€$     (2)

Wir ermitteln zunächst die Jahresabnahme $x_0$, für die bei beiden Anbietern der gleiche Betrag zu zahlen ist:

$\dfrac{28,71}{100} \cdot x_0 + 26,46 = \dfrac{31,52}{100} \cdot x_0 + 24,47 \quad | \cdot 100$

$28,71 x_0 + 2\,646 = 31,52 x_0 + 2\,447 \quad | -31,52 x_0 - 2\,646$

$-2,81 x_0 = -199 \quad | : (-2,81)$

$x_0 \approx 70,82$

d. h. für einen Jahresverbrauch von 70,82 kWh sind beide Anbieter gleich günstig.

Für einen Jahresverbrauch $x > x_0$, z. B. $x = 71\,\text{kWh}$ erhalten wir:

A: $y = \dfrac{28,71}{100} \cdot 71 + 26,46\,€$     $y_A \approx 46,84\,€$

B: $y = \dfrac{31,52}{100} \cdot 71 + 24,47\,€$     $y_A \approx 46,85\,€$

d. h. im Tarif $H_0$ ist ab einem Jahresverbrauch von 70,82 kWh der Anbieter A günstiger.

Zusatz: Zeichnen wir die den Gleichungen (1) und (2) für die beiden Anbieter entsprechenden Geraden in ein Koordinatensystem, so können wir die Antworten auf die gestellten Fragen auch aus dem Diagramm ablesen.

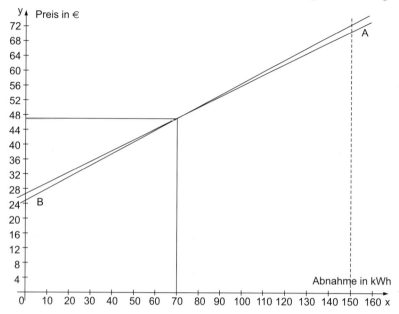

**31**

| G | 320 | 150 | 240 | 300 |
|---|---|---|---|---|
| W | 80 | 30 | 12 | 360 |
| p % | 25 % | 20 % | 5 % | 120 % |

**32**  a)  $25 \% \triangleq 30 \, \text{B}$        oder:  $G = \dfrac{W}{p} \cdot 100$

  $1 \% \triangleq \dfrac{30 \, \text{B}}{25} = 1,2 \, \text{B}$          $G = \dfrac{30 \, \text{B}}{25} \cdot 100$

  $100 \% \triangleq 1,2 \, \text{B} \cdot 100 = 120 \, \text{B}$        $G = 120 \, \text{B}$

  b)  $10 \% \triangleq 16 \, \text{kg}$

   $1 \% \triangleq \dfrac{16 \, \text{kg}}{10} = 1,6 \, \text{kg}$

   $25 \% \triangleq 1,6 \, \text{kg} \cdot 25 = 40 \, \text{kg}$

  c)  $\dfrac{160 \, \text{€}}{100 \, \%} \cdot 102 \, \% = 163,20 \, \text{€}$

  d)  $G = 2\,000 \, \text{m}$        $W = 20 \, \text{m}$        gesucht: p %

   $p = \dfrac{W \cdot 100}{G}$

   $p = \dfrac{20 \, \text{m} \cdot 100}{2\,000 \, \text{m}}$

   $p = 1$

   $p \% = 1 \%$

**33** a) $p = \dfrac{750\ \text{€} \cdot 100}{600\ \text{€}}$

$p = 125$

$p\ \% = 125\ \%$

b) $100\ \% \,\hat{=}\, 60\ \text{€}$

$\quad 1\ \% \,\hat{=}\, \dfrac{60\ \text{€}}{100} = 0,6\ \text{€}$

$\quad 20\ \% \,\hat{=}\, 0,6\ \text{€} \cdot 20 = 12\ \text{€}$

$\quad \text{Preis} = 60\ \text{€} - 12\ \text{€} = 48\ \text{€}$

---

**34** $G = 360° \ (\hat{=}\, 100\ \%)$ $\qquad W = 72°$ $\qquad$ Gesucht: $p\ \%$

$p = \dfrac{72° \cdot 100}{360°}$

$p = 20$

$p\ \% = 20\ \%$

---

**35** $\text{Rest} = 150\ \text{€} - \dfrac{1}{3} \cdot 150\ \text{€} = 100\ \text{€}$

Sparschwein: 50 % vom Rest sind $100\ \text{€} \cdot \dfrac{50}{100} = 50\ \text{€}$

---

**36** $G = 1\,300\ \text{€}$ $\qquad p\ \% = 2\ \%$ $\qquad$ Gesucht: $W$

$W = \dfrac{1\,300\ \text{€} \cdot 2}{100}$

$W = 26\ \text{€}$

---

**37** Gesamteinlage $\quad G = 325\,000\ \text{€} + 275\,000\ \text{€} + 250\,000\ \text{€}$

$\qquad\qquad\qquad\quad G = 850\,000\ \text{€}$

Prozentuale Anteile der drei Teilhaber an der Gesamteinlage:

Teilhaber 1: $\qquad\qquad$ Teilhaber 2: $\qquad\qquad$ Teilhaber 3:

$p_1 = \dfrac{325\,000\ \text{€} \cdot 100}{850\,000\ \text{€}}$ $\quad$ $p_2 = \dfrac{275\,000\ \text{€} \cdot 100}{850\,000\ \text{€}}$ $\quad$ $p_3 = \dfrac{250\,000\ \text{€} \cdot 100}{850\,000\ \text{€}}$

$p_1 \approx 38,24$ $\qquad\qquad$ $p_2 \approx 32,35$ $\qquad\qquad$ $p_2 \approx 29,41$

$p_1\ \% \approx 38,24\ \%$ $\qquad$ $p_2\ \% \approx 32,35\ \%$ $\qquad$ $p_3\ \% \approx 29,41\ \%$

15 % vom Jahresgewinn:

$W = \dfrac{212\,000\ \text{€} \cdot 15}{100}$

$W = 31\,800\ \text{€}$

$\text{Rest} = 212\,000\ \text{€} - 3 \cdot 31\,800\ \text{€}$

$\text{Rest} = 116\,600\ \text{€}$

Aufteilung des Restes entsprechend der prozentualen Anteile:

Teilhaber 1: $\qquad\qquad$ Teilhaber 2: $\qquad\qquad$ Teilhaber 3:

$W_1 = \dfrac{116\,600\ \text{€} \cdot 38,24}{100}$ $\quad$ $W_2 = \dfrac{116\,600\ \text{€} \cdot 32,35}{100}$ $\quad$ $W_3 = \dfrac{116\,600\ \text{€} \cdot 29,41}{100}$

$W_1 \approx 44\,587,84\ \text{€}$ $\qquad$ $W_2 \approx 37\,720,10\ \text{€}$ $\qquad$ $W_3 \approx 34\,292,06\ \text{€}$

a) Kreisdiagramm: Mittelpunktswinkel der drei Sektoren entsprechend der prozentualen Anteilen
$$360° \triangleq 100\,\% \triangleq 850\,000\,€$$

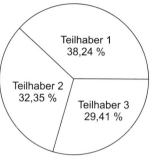

Teilhaber 1: $\dfrac{360° \cdot 38,24}{100} \approx 137,66°$

Teilhaber 2: $\dfrac{360° \cdot 32,35}{100} \approx 116,46°$

Teilhaber 3: $\dfrac{360° \cdot 29,41}{100} \approx 105,88°$

Prozentualer Anteil der drei Teilhaber an der Gesamteinlage von 850 000 €.

b) Gewinn für Teilhaber 2:
$G = \text{Jahresgewinn} + \text{Anteil}$
$G = 31\,800\,€ + 37\,720,10\,€$
$G = 69\,520,10\,€$

---

**38**  a)

| Jahr | Startkapital in € | Einzahlung in € | Zinsen in € | Guthaben in € |
|---|---|---|---|---|
| 1 | 0 | 3 000 | 120 | 3 120 |
| 2 | 3 120 | 3 000 | 244,80 | 6 364,80 |
| 3 | 6 364,80 | 3 000 | 374,59 | 9 739,39 |
| 4 | 9 739,39 | 3 000 | 509,58 | 13 248,97 |

*Hinweis:* Die Werte sind ggf. gerundet.

Am Ende des 4. Jahres beträgt das Guthaben 13 248,97 €.

b)  $\text{Rest} = \text{Guthaben} - 2 \cdot \text{Preis}_{\text{Erwachsene}} - 1 \cdot \text{Preis}_{\text{Kind}}$

$\text{Rest} = 13\,248,97\,€ - 2 \cdot 4\,800\,€ - 4\,800\,€ \cdot \dfrac{70\,\%}{100\,\%}$

$\text{Rest} = 13\,248,97\,€ - 9\,600\,€ - 3\,360\,€$

$\text{Rest} = 288,97\,€$

In der Reisekasse verbleiben noch 288,97 €.

---

**39**  André: fester Zinssatz $p\,\% = 4,25\,\%$

| Jahr | Startkapital in € | Zinssatz in % | Zinsen in € | Guthaben in € |
|---|---|---|---|---|
| 1 | 2 300 | 4,25 | 97,75 | 2 397,75 |
| 2 | 2 397,75 | 4,25 | 101,90 | 2 499,65 |
| 3 | 2 499,65 | 4,25 | 106,24 | 2 605,89 |
| 4 | 2 605,89 | 4,25 | 110,75 | 2 716,64 |
| 5 | 2 716,64 | 4,25 | 115,46 | 2 832,10 |

*Hinweis:* Die Werte sind ggf. gerundet.

Andrea: variabler Zinssatz

| Jahr | Startkapital in € | Zinssatz in % | Zinsen in € | Guthaben in € |
|---|---|---|---|---|
| 1 | 2 300 | 3,25 | 74,75 | 2 374,75 |
| 2 | 2 374,75 | 3,70 | 87,87 | 2 462,62 |
| 3 | 2 462,62 | 4,25 | 104,66 | 2 567,28 |
| 4 | 2 567,28 | 4,50 | 115,53 | 2 682,81 |
| 5 | 2 682,81 | 5,00 | 134,14 | 2 816,95 |

*Hinweis:* Die Werte sind ggf. gerundet.

André hat sein Geld besser angelegt. Sein Guthaben beträgt nach 5 Jahren um 15,15 € mehr als das von Andrea.
Führt man die Tabellenrechnung für das Guthaben von André weiter, so ergibt sich:
Nach 17 Jahren hat sich das Startkapital von André verdoppelt; sein Guthaben beträgt dann 4 666,82 €.

**40**   a) $1,23\,\text{m} = 1230\,\text{mm}$      b) $17\,\text{cm} = 170\,\text{mm}$      c) $0,3568\,\text{km} = 3568\,\text{dm}$

      d) $437,5\,\text{m} = 0,4375\,\text{km}$      e) $2,72\,\text{dm} = 27,2\,\text{cm}$      f) $0,0052\,\text{m} = 5,2\,\text{mm}$

      g) $2019\,\text{mm} = 2,019\,\text{m}$      h) $127,6\,\text{dm} = 12,76\,\text{m}$

---

**41**   a) $0,01\,\text{km}^2 = 10\,000\,\text{m}^2$      b) $6,906\,\text{dm}^2 = 69\,060\,\text{mm}^2$      c) $9,7\,\text{mm}^2 = 0,097\,\text{cm}^2$

      d) $626\,\text{m}^2 = 0,0626\,\text{ha}$      e) $0,023\,\text{m}^2 = 23\,000\,\text{mm}^2$      f) $0,0027\,\text{ha} = 27\,\text{m}^2$

      g) $17\,665\,\text{cm}^2 = 1,7665\,\text{m}^2$      h) $3027\,\text{a} = 302\,700\,\text{m}^2$

---

**42**   a) $0,063\,\text{m}^3 = 63\,\text{dm}^3 = 63\,\ell$      b) $3\,m\ell = 0,003\,\ell = 0,003\,\text{dm}^3$

      c) $12\,829\,\text{cm}^3 = 12,829\,\text{dm}^3 = 0,012829\,\text{m}^3$      d) $1,024\,\text{m}^3 = 1024\,\text{dm}^3$

      e) $825,6\,\text{dm}^3 = 0,8256\,\text{m}^3$      f) $3,2\,\text{cm}^3 = 0,0032\,\text{dm}^3$

---

**43**   a) $3,25\,\text{h} = 3\frac{1}{4}\,\text{h} = 195\,\text{min}$

      b) $6\,\text{d}\,7\,\text{h} = 6 \cdot 24\,\text{h} + 7\,\text{h} = 151\,\text{h}$

      c) $7,6\,\text{min} = 7 \cdot 60\,\text{s} + 0,6 \cdot 60\,\text{s} = 420\,\text{s} + 36\,\text{s} = 456\,\text{s}$

      d) $2\,\text{h}\,24\,\text{min} = (2 \cdot 60 + 24)\,\text{min} = 144\,\text{min} = 144 \cdot 60\,\text{s} = 8\,640\,\text{s}$

      e) $17\,\text{h}\,12\,\text{min} = (17 \cdot 60 + 12)\,\text{min} = 1\,032\,\text{min}$

      f) $37\,653\,\text{s} = 36\,000\,\text{s} + 1\,653\,\text{s} = 10\,\text{h} + \dfrac{1\,653}{3\,600}\,\text{h} \approx (10 + 0,46)\,\text{h} = 10,46\,\text{h}$

      g) $8\,280\,\text{s} = \dfrac{8\,280}{3\,600}\,\text{h} = 2,3\,\text{h}$

      h) $187\,200\,\text{s} = \dfrac{187\,200}{3\,600}\,\text{h} = 52\,\text{h}$

---

**44**   a) $23\,\text{g} = 0,023\,\text{kg}$      b) $0,0672\,\text{kg} = 67,2\,\text{g}$      c) $738\,\text{g} = 0,738\,\text{kg}$

      d) $6,7\,\text{kg} = 0,067\,\text{dt}$      e) $327\,865\,\text{mg} = 0,327865\,\text{kg}$      f) $0,032\,\text{t} = 32\,\text{kg}$

      g) $52,3\,\text{g} = 52\,300\,\text{mg}$      h) $72,5\,\text{kg} = 0,0725\,\text{t}$

---

**45**   a) $A = \dfrac{1}{2} \cdot c \cdot h_c$      b) $A = \dfrac{1}{2} \cdot a \cdot h_a \quad | \cdot 2 \quad | : a$

          $A = \dfrac{1}{2} \cdot 7\,\text{cm} \cdot 2,8\,\text{cm}$          $h_a = \dfrac{2A}{a}$

          $A = 9,8\,\text{cm}^2$          $h_a = \dfrac{2 \cdot 9,8\,\text{cm}^2}{5\,\text{cm}}$

                                                $h_a = 3,92\,\text{cm}$

---

**46**   a) $\alpha + \beta + \gamma = 180°$

          $\gamma = 180° - \alpha - \beta$

          $\gamma = 180° - 58° - 47°$

          $\gamma = 75°$

      b) Nein.

          Wenn $\alpha$ und $\beta$ stumpfe Winkel sind, dann ist $\alpha > 90°$ und $\beta > 90°$. Damit wäre die Winkelsumme im Dreieck $\alpha + \beta + \gamma > 180°$.

**47** a) Bedingung 1:
$$\ell = 2b$$
Bedingung 2:
$$u = 2\ell + 2b = 42\,cm \qquad |:2$$
$$\ell + b = 21\,cm$$
$$2b + b = 21\,cm$$
$$3b = 21\,cm$$
$$b = 7\,cm$$
$$\ell = 2 \cdot 7\,cm$$
$$\ell = 14\,cm$$

b) $A = \ell \cdot b$
$$A = 14\,cm \cdot 7\,cm$$
$$A = 98\,cm^2$$

---

**48**
$$\left.\begin{array}{l} A = 90,25\,cm^2 \\ A = a^2 \end{array}\right\} \quad \begin{array}{l} a^2 = 90,25\,cm^2 \\ a = \sqrt{90,25\,cm^2} \\ a = 9,5\,cm \end{array}$$

$$u = 4 \cdot a$$
$$u = 4 \cdot 9,5\,cm$$
$$u = 38\,cm$$

---

**49** $A = a \cdot h_a \qquad |:a$
$$h_a = \frac{A}{a}$$

$$h_a = \frac{20\,cm^2}{5\,cm}$$

$$h_a = 4\,cm$$

$$u = 2a + 2b$$
$$u = 2 \cdot 5\,cm + 2 \cdot 4,5\,cm$$
$$u = 19\,cm$$

---

**50** $\left.\begin{array}{l} A = 24\,cm^2 \\ A = \dfrac{a+c}{2} \cdot h \end{array}\right\} \qquad \dfrac{a+c}{2} \cdot h = 24\,cm^2$

$$\frac{8\,cm + c}{2} \cdot 4\,cm = 24\,cm^2 \quad \left| \cdot \frac{1}{2} \right. \quad |:cm$$
$$8\,cm + c = 12\,cm \quad |-8\,cm$$
$$c = 4\,cm$$

**51** Umfang:

Dazu müssen zuerst die Länge der Trapezseite c und die Länge der Dreiecksseite d berechnet werden.

Mit dem Satz des Pythagoras gilt:

$$c^2 = (12-8)^2 \text{ mm}^2 + (16-4-2)^2 \text{ mm}^2$$
$$c^2 = (4 \text{ mm})^2 + (10 \text{ mm})^2$$
$$c^2 = 116 \text{ mm}^2$$
$$c \approx 10,77 \text{ mm}$$

Wieder mit dem Satz des Pythagoras gilt:

$$d^2 = (4 \text{ mm})^2 + (8 \text{ mm})^2$$
$$d^2 = 16 \text{ mm}^2 + 64 \text{ mm}^2$$
$$d^2 = 80 \text{ mm}^2$$
$$d \approx 8,94 \text{ mm}$$

Gesamtumfang:

$$u = 12 \text{ mm} + 16 \text{ mm} + 8,94 \text{ mm} + 2 \text{ mm} + 10,77 \text{ mm}$$
$$u = 49,71 \text{ mm}$$
$$u \approx 50 \text{ mm}$$
$$u = 5 \text{ cm}$$

Flächeninhalt:

Die gesuchte Fläche wird aus drei Flächen zusammengesetzt:

Trapez $A_I$:

$$A_I = \frac{1}{2} \cdot (a+c) \cdot h$$

mit $a = 12$ mm, $c = 8$ mm,

$\qquad h = 16 \text{ mm} - (2 \text{ mm} + 4 \text{ mm}) = 10 \text{ mm}$

$$A_I = \frac{1}{2} \cdot (12 \text{ mm} + 8 \text{ mm}) \cdot 10 \text{ mm} = 100 \text{ mm}^2 = 1 \text{ cm}^2$$

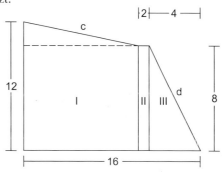

Rechteck $A_{II}$:

$A_{II} = \ell \cdot b$ mit $\ell = 8$ mm, $b = 2$ mm

$$A_{II} = 8 \text{ mm} \cdot 2 \text{ mm} = 16 \text{ mm}^2$$

rechtwinkliges Dreieck $A_{III}$:

$$A_{III} = \frac{1}{2} \cdot g \cdot h \quad \text{mit } g = 4 \text{ mm}, \; h = 8 \text{ mm}$$

$$A_{III} = \frac{1}{2} \cdot 4 \text{ mm} \cdot 8 \text{ mm} = 16 \text{ mm}^2$$

Gesamter Flächeninhalt:

$$A = A_I + A_{II} + A_{III}$$
$$A = 100 \text{ mm}^2 + 16 \text{ mm}^2 + 16 \text{ mm}^2 = 132 \text{ mm}^2$$

---

**52** a) Die Fläche setzt sich aus den Dreiecksflächen I, III und IV und der Trapezfläche II zusammen.

$$A_I = \frac{1}{2} \cdot 14 \text{ m} \cdot 20 \text{ m} = 140 \text{ m}^2$$

$$A_{II} = \frac{1}{2} \cdot (20 \text{ m} + 24 \text{ m}) \cdot 23 \text{ m} = 506 \text{ m}^2$$

$$A_{III} = \frac{1}{2} \cdot 12 \text{ m} \cdot 24 \text{ m} = 144 \text{ m}^2$$

$$A_{IV} = \frac{1}{2} \cdot (14 \text{ m} + 23 \text{ m} + 12 \text{ m}) \cdot 16 \text{ m} = 392 \text{ m}^2$$

$$A = A_I + A_{II} + A_{III} + A_{IV}$$
$$A = 140 \text{ m}^2 + 506 \text{ m}^2 + 144 \text{ m}^2 + 392 \text{ m}^2 = 1\,182 \text{ m}^2$$

Das Grundstück hat einen Flächeninhalt von 1 182 m².

b) Die unbekannten Streckenlängen werden mithilfe des Satzes des Pythagoras ermittelt.

$$\overline{AE}^2 = (14 \text{ m}^2) + (20 \text{ m})^2$$
$$\overline{AE}^2 = 596 \text{ m}^2$$
$$\overline{AE} \approx 24,41 \text{ m}$$

$$\overline{DC}^2 = (12 \text{ m})^2 + (24 \text{ m})^2$$
$$\overline{DC}^2 = 720 \text{ m}^2$$
$$\overline{DC} \approx 26,83 \text{ m}$$

$$\overline{ED}^2 = (23\,\text{m})^2 + (24\,\text{m} - 20\,\text{m})^2$$

$$\overline{ED}^2 = (23\,\text{m})^2 + (4\,\text{m})^2$$

$$\overline{ED}^2 = 545\,\text{m}^2$$

$$\overline{ED} \approx 23,35\,\text{m}$$

Gesamtlänge des Streckenzuges von A nach C:

$$\overline{AE} + \overline{ED} + \overline{DC} = 24,41\,\text{m} + 23,35\,\text{m} + 26,83\,\text{m} = 74,59\,\text{m} \approx 74,6\,\text{m}$$

Das Zaunstück ist etwa 74,6 m lang.

**53** a) $3^5 \cdot 3^2 \cdot 3^4 = 3^{5+2+4} = 3^{11}$

$(-2)^3 \cdot (-2)^2 \cdot (-2)^3 = (-2)^{3+2+3} = (-2)^8 = 2^8$

$(x+2)^3 \cdot (x^2 + 4x + 4) = (x+2)^3 \cdot (x+2)^2 = (x+2)^5$

$(x+1)^2 \cdot (x-1) \cdot (x^2-1) = (x+1)^2 \cdot (x-1) \cdot (x+1)(x-1) = (x+1)^3 \cdot (x-1)^2$

b) $\dfrac{x^{17}}{x^{12}} = x^{17-12} = x^5$

$\dfrac{(x+1)^3}{x^2+2x+1} = \dfrac{(x+1)^3}{(x+1)^2} = (x+1)^{3-2} = (x+1)^1 = x+1$

$\dfrac{51x^5 y^{14} z^9}{17x^7 y^9 z^7} = 3x^{5-7} \cdot y^{14-9} \cdot z^{9-7} = 3x^{-2} \cdot y^5 \cdot z^2 = \dfrac{3y^5 z^2}{x^2}$

$\dfrac{32xy^3}{2^4 x^4 y} \cdot \dfrac{64x^5 y^2}{2^5 \cdot x \cdot y^4} = \dfrac{32}{16} \cdot \dfrac{64}{32} \cdot x^{1+5-4-1} \cdot y^{3+2-1-4} = 2 \cdot 2 \cdot x^1 \cdot y^0 = 4x$

c) $(-3)^4 \cdot (2)^4 \cdot (6)^4 \cdot (-9)^4 = [(-3) \cdot 2 \cdot 6 \cdot (-9)]^4 = (324)^4$

$(x-3)^2 \cdot (3-x)^2 = (x-3)^2 \cdot [-(x-3)]^2 = [-(x-3) \cdot (x-3)]^2 = [-(x-3)^2]^2 = (x-3)^4$

$(a+b)^2 \cdot (a-b)^2 = [(a+b) \cdot (a-b)]^2 = \left(a^2 - b^2\right)^2 = a^4 - 2a^2 b^2 + b^4$

$\left(\dfrac{x^2 y^3}{3}\right)^4 \cdot \left(\dfrac{6}{xy}\right)^4 = \left(\dfrac{x^2 y^3 \cdot 6}{3 \cdot xy}\right)^4 = (2xy^2)^4 = 2^4 x^4 y^8 = 16x^4 y^8$

d) $\dfrac{\left(x^2 y\right)^4}{\left(xy^2\right)^4} = \left(\dfrac{x^2 y}{xy^2}\right)^4 = \left(\dfrac{x}{y}\right)^4 = \dfrac{x^4}{y^4}$

$\dfrac{(64a^2 b^3)^3}{(8b^2 a)^3} = \left(\dfrac{64a^2 b^3}{8b^2 a}\right)^3 = (8ab)^3 = 8^3 a^3 b^3 = 512a^3 b^3$

$\dfrac{(x^2 - xy)^{k-2}}{(2x - 2y)^{k-2}} = \left(\dfrac{x^2 - xy}{2x - 2y}\right)^{k-2} = \left(\dfrac{x(x-y)}{2(x-y)}\right)^{k-2} = \left(\dfrac{x}{2}\right)^{k-2}$

e) $(2^{-3})^5 = 2^{-15}$

$(2a^3 b^2)^4 \cdot (5ab^3)^3 = 2^4 a^{12} b^8 \cdot 5^3 a^3 b^9 = 16 \cdot 125 \cdot a^{15} \cdot b^{17} = 2\,000 \cdot a^{15} \cdot b^{17}$

$\left(\dfrac{a^2 b^{-1} c^3}{a^3 b^2 c^{-2}}\right)^2 = \left(a^{-1} \cdot b^{-3} \cdot c^5\right)^2 = a^{-2} \cdot b^{-6} \cdot c^{10} = \dfrac{c^{10}}{a^2 \cdot b^6}$

$\left(\dfrac{x^2 y^{-3}}{xz^{-2}}\right)^{-2} : \left(\dfrac{y^3 z^{-4}}{x^3 y^2}\right)^2 = \dfrac{x^{-4} y^6}{x^{-2} z^4} : \dfrac{y^6 z^{-8}}{x^6 y^4} = \dfrac{x^{-4} y^6}{x^{-2} z^4} \cdot \dfrac{x^6 y^4}{y^6 z^{-8}} = \dfrac{x^{-4} y^6 x^6 y^4}{x^{-2} z^4 y^6 z^{-8}} = \dfrac{x^2 y^{10}}{x^{-2} y^6 z^{-4}} = x^4 y^4 z^4 = (xyz)^4$

**54**  a)  $375\,000\,000\,000\,000\,000 = 3,75 \cdot 10^{17}$
 $180\,000\,000\,000\,000 \quad= 1,8 \cdot 10^{14}$
 $0,000\,000\,000\,123 \quad= 1,23 \cdot 10^{-10}$
 $0,000\,001\,7 \quad\quad\quad= 1,7 \cdot 10^{-6}$

  b)  Durchmesser der Milchstraße: $d = \dfrac{8 \cdot 10^{17} \text{ km}}{9,46 \cdot 10^{12} \text{ km}}$; $d \approx 8,5 \cdot 10^4$ LJ

  c)  Da das Raumschiff mit ein Drittel Lichtgeschwindigkeit fliegt, benötigt es dreimal so lang wie das Licht, also $3 \cdot 4,17$ Jahre $= 12,51$ Jahre.

---

**55**  a)  $3\,500\,000\,000 \cdot 7\,820\,000 = 35 \cdot 10^8 \cdot 782 \cdot 10^4 = 27\,370 \cdot 10^{12}$

  b)  $15,785$ Billionen $: 3,85$ Millionen $= 15,785 \cdot 10^{12} : (3,85 \cdot 10^6) = (15,785 : 3,85) \cdot 10^6 = 4,1 \cdot 10^6 = 4\,100\,000$

  c)  $0,000\,002\,7 \cdot 0,000\,000\,003 = 27 \cdot 10^{-7} \cdot 3 \cdot 10^{-9} = 81 \cdot 10^{-16}$

  d)  $0,077\,\%$ von $6,5$ Milliarden $= \dfrac{0,077}{100} \cdot 6,5 \cdot 10^9 = \dfrac{77 \cdot 10^{-3}}{10^2} \cdot 6,5 \cdot 10^9 = 77 \cdot 10^{-5} \cdot 6,5 \cdot 10^9 = 77 \cdot 6,5 \cdot 10^4$
 $= 500,5 \cdot 10^4 = 5\,005\,000$

---

**56**  a)  $1\text{ m} = 10^2 \text{ cm}$  $\qquad 1\text{ km} = 10^3 \text{ m}$  $\qquad 1\text{ km} = 10^6 \text{ mm}$
  b)  $1\text{ m}^2 = 10^4 \text{ cm}^2$  $\qquad 1\text{ km}^2 = 10^6 \text{ m}^2$  $\qquad 1\text{ km}^2 = 10^{12} \text{ mm}^2$
  c)  $1\text{ m}^3 = 10^6 \text{ cm}^3$  $\qquad 1\text{ km}^3 = 10^9 \text{ m}^3$  $\qquad 1\text{ km}^3 = 10^{18} \text{ mm}^2$

---

**57**  a)  $256\text{ MB} = 2^8 \cdot 2^{20} \text{ B} = 2^{28} \text{ B} \approx 2,6844 \cdot 10^8 \text{ B} \approx 268 \cdot 10^6 \text{ B}$

  b)  $10 \cdot 700\text{ MB} = 7 \cdot 10^3 \cdot 2^{20} \text{ B} \approx 7\,340\,032 \cdot 20^3 \text{ B} \approx 7\,340 \cdot 10^6 \text{ B}$

  c)  $2 \cdot 80\text{ GB} = 160 \cdot 2^{30} \text{ B} \approx 1,717987 \cdot 10^{11} \text{ B} \approx 171\,799\,000\,000 \text{ B}$

---

**58**  a)  $x^4 = 256$  $\qquad$ b)  $x^2 = 625$  $\qquad$ c)  $x^3 = 343$
 $x = \pm \sqrt[4]{256}$  $\qquad\qquad x = \pm \sqrt{625}$  $\qquad\qquad x = \sqrt[3]{343}$
 $x = 4; x = -4$  $\qquad\qquad x = 25; x = -25$  $\qquad\quad x = 7$

  d)  $x^3 = -216$  $\qquad$ e)  $(x-2)^3 = 27$  $\qquad$ f)  $(x+3)^2 = 81$
 $x = -6$  $\qquad\qquad\qquad x - 2 = \sqrt[3]{27}$  $\qquad\qquad x + 3 = \pm \sqrt{81}$
 $\qquad\qquad\qquad\qquad x - 2 = 3$  $\qquad\qquad\qquad x + 3 = \pm 9$
 $\qquad\qquad\qquad\qquad\quad x = 5$  $\qquad\qquad\qquad\quad x = 6; x = -12$

---

**59**  a)  $x^6 - 13 = -5$  $\qquad | +13$  $\qquad$ b)  $3x^4 = 51$  $\qquad | : 3$
 $\qquad x^6 = 8$  $\qquad\qquad\qquad\qquad x^4 = 17$  $\qquad | \sqrt[4]{\phantom{x}}$
 $\qquad x^6 = 2^3$  $\qquad | \sqrt[6]{\phantom{x}}$  $\qquad\qquad x \approx 1,4142$
 $\qquad x = \sqrt{2}$
 $\qquad x \approx 1,4142$

  c)  $x^3 = \sqrt{10}$  $\qquad\qquad\qquad$ d)  $\sqrt[4]{x} = 3$  $\qquad | \,^4$
 $\qquad x = \sqrt[6]{10}$  $\qquad\qquad\qquad\qquad x = 3^4$
 $\qquad x \approx 1,4678$  $\qquad\qquad\qquad\qquad x = 81$

e) $\sqrt[3]{2x} = 1{,}52$ $\qquad |^3$

$\quad 2x = 1{,}52^3$ $\qquad |:2$

$\quad x = \dfrac{1}{2} \cdot 1{,}52^3$

$\quad x \approx 1{,}7559$

f) $\sqrt[3]{x^2} = 1{,}52$

$\quad x^{\frac{2}{3}} = 1{,}52$ $\qquad |^{\frac{3}{2}}$

$\quad x = 1{,}52^{\frac{3}{2}}$

$\quad x \approx 1{,}8740$

# 2 Lineare Funktionen – Lineare Gleichungssysteme

**60** a) $y = 3x$

| x | −4 | −3 | −2 | −1 | 0 | 1 | 2 | 3 | 4 |
|---|---|---|---|---|---|---|---|---|---|
| y | −12 | −9 | −6 | −3 | 0 | 3 | 6 | 9 | 12 |

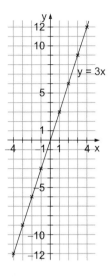

b) $y = -\dfrac{1}{3}x$

| x | −4 | −3 | −2 | −1 | 0 | 1 | 2 | 3 | 4 |
|---|---|---|---|---|---|---|---|---|---|
| y | 1,33 | 1 | 0,67 | 0,33 | 0 | −0,33 | −0,67 | −1 | −1,33 |

*Hinweis:* Die Werte sind gegebenenfalls gerundet.

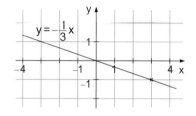

c) $3x - 4y = 0 \iff y = \dfrac{3}{4}x$

| x | −4 | −3 | −2 | −1 | 0 | 1 | 2 | 3 | 4 |
|---|---|---|---|---|---|---|---|---|---|
| y | −3 | −2,25 | −1,5 | −0,75 | 0 | 0,75 | 1,5 | 2,25 | 3 |

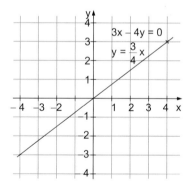

d) $y - |x|$ $\begin{cases} y = +x & \text{für} \quad x > 0 \\ y = 0 & \text{für} \quad x = 0 \\ y = -x & \text{für} \quad x < 0 \end{cases}$

| x | −4 | −3 | −2 | −1 | 0 | 1 | 2 | 3 | 4 |
|---|---|---|---|---|---|---|---|---|---|
| y | 4 | 3 | 2 | 1 | 0 | 1 | 2 | 3 | 4 |

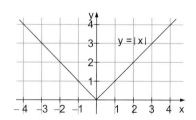

**61** $g: y = \frac{3}{2}x$  Wir setzen die Koordinaten der Punkte in die Funktionsgleichung von g ein.

| | | | | |
|---|---|---|---|---|
| $A(6 \mid 9)$ | $B(-5 \mid -7,5)$ | $C(4 \mid -6)$ | $D(-4 \mid -6)$ | $E(0,5 \mid 0,75)$ |
| $9 = \frac{3}{2} \cdot 6$ | $-7,5 = \frac{3}{2} \cdot (-5)$ | $-6 = \frac{3}{2} \cdot 4$ | $-6 = \frac{3}{2} \cdot (-4)$ | $0,75 = \frac{3}{2} \cdot 0,5$ |
| $9 = 9$ (w) | $-7,5 = -7,5$ (w) | $-6 = 6$ (f) | $-6 = -6$ (w) | $0,75 = 0,75$ (w) |
| $A \in g$ | $B \in g$ | $C \notin g$ | $D \in g$ | $E \in g$ |

**62** Wir setzen die Koordinaten der Punkte in die Funktionsgleichung $y = m \cdot x$ ein und berechnen die Steigung m.

a) $P(-4,5 \mid 3)$

$$3 = m \cdot (-4,5)$$

$$m = -\frac{2}{3}$$

$$g_1: y = -\frac{2}{3}x$$

$$P \in g_1$$

b) $Q(6 \mid 4,5)$

$$4,5 = m \cdot 6$$

$$m = \frac{3}{4}$$

$$g_2: y = \frac{3}{4}x$$

$$Q \in g_2$$

**63** Wir setzen die Steigung m und die Koordinaten der Punkte in die Funktionsgleichung $y = m \cdot x + t$ ein und berechnen den Achsenabschnitt t.

a) $-3 = -\frac{1}{2} \cdot 2 + t \;\Rightarrow\; t = -2$

$\quad g: y = -\frac{1}{2}x - 2$

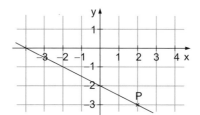

b) $1 = \frac{4}{3} \cdot (-3) + t \;\Rightarrow\; t = 5$

$\quad g: y = \frac{4}{3}x + 5$

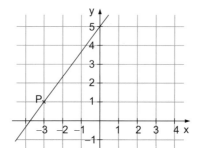

c) $-2 = -2 \cdot 5 + t \;\Rightarrow\; t = 8$

$\quad g: y = -2x + 8$

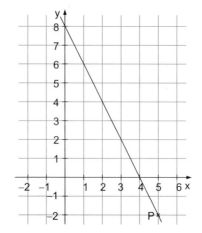

**64** Wir setzen die Koordinaten der Punkte jeweils in die Funktionsgleichung ein.

a) $-7 = 2 \cdot (-2) - 3$

    $-7 = -7$ (w)

    $P \in g$

b) $5 = -\dfrac{2}{3} \cdot (-5) + \dfrac{5}{3}$

    $5 = \dfrac{15}{3}$ (w)

    $P \in g$

c) $-1 = -\dfrac{3}{2} \cdot 2 + 3$

    $-1 = 0$ (f)

    $P \notin g$

---

**65** a) Schnittpunkt S mit der x-Achse: $y = 0$

$0 = -\dfrac{3}{2}x + 3 \qquad \Big| + \dfrac{3}{2}x \qquad \Big| \cdot \dfrac{2}{3}$

$x = 2$

$S(2 \mid 0)$

Steigungsdreieck:

$m = -\dfrac{3}{2}$

$m = \dfrac{-3}{2}$

$\Delta x = 2$ und $\Delta y = -3$

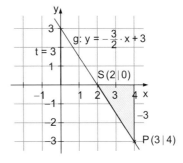

b) y-Achsenabschnitt: $t = 3$

Geradenpunkt:

$x = 4$ (beliebig)

$y = -\dfrac{3}{2} \cdot 4 + 3$

$y = -3$

$P(4 \mid -3) \in g$

---

**66** Wir setzen die Koordinaten der Punkte A und B jeweils in die Funktionsgleichung $y = mx + t$ ein und berechnen aus der Gleichung m und t.

a) $A(-4 \mid -2):$    $-2 = -4m + t$         Gleichung nach t aufgelöst

                $t = -2 + 4m$

$B(6 \mid 8):$      $8 = 6m + t$         Term $-2 + 4m$ in der zweiten Gleichung für t eingesetzt

            $8 = 6m - 2 + 4m$

          $10 = 10m$

            $m = 1$

            $t = -2 + 4 \cdot 1$      1 für m in die erste Gleichung eingesetzt

            $t = 2$

Funktionsgleichung der Geraden g:   $y = x + 2$

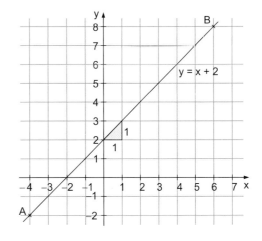

b) $A(2|-2)$: $\quad -2 = 2m + t$      Erste Gleichung nach t aufgelöst

$\qquad\qquad\quad t = -2 - 2m$

$B(8|6)$: $\qquad 6 = 8m + t$      Term $-2 - 2m$ in der zweiten Gleichung für t eingesetzt

$\qquad\qquad\quad 6 = 8m - 2 - 2m$

$\qquad\qquad\quad 8 = 6m$

$\qquad\qquad\quad m = \dfrac{4}{3}$

$\qquad\qquad\quad t = -2 - 2 \cdot \dfrac{4}{3}$    $\dfrac{4}{3}$ für m in die erste Gleichung eingesetzt

$\qquad\qquad\quad t = -\dfrac{14}{3}$

Funktionsgleichung der Geraden g: $\quad y = \dfrac{4}{3}x - \dfrac{14}{3}$

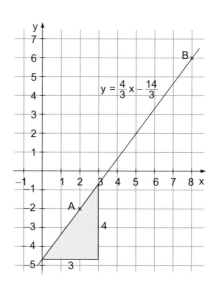

---

**67**   $A(2|6)$

$6 = 2m + t$     nach t aufgelöst

$t = 6 - 2m$

$B(8|2)$

$2 = 8m + t$

Term für t in die zweite Gleichung eingesetzt:

$\quad 2 = 8m + 6 - 2m$

$\quad 2 = 6m + 6 \qquad\quad |-6$

$6m = -4 \qquad\qquad |:6$

$\quad m = -\dfrac{2}{3}$

In den Term für t eingesetzt:

$t = 6 - 2 \cdot \left(-\dfrac{2}{3}\right)$

$t = 6 + \dfrac{4}{3}$

$t = 7\dfrac{1}{3}$

Funktionsgleichung der Geraden g: $\quad y = -\dfrac{2}{3}x + 7\dfrac{1}{3}$

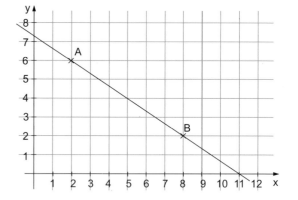

**68** a)

$$
\begin{array}{rlrl}
\text{I} & 3x - 4y = 16 & \\
\text{II} & 5x + 2y = 44 & \big| \cdot 2 \\[4pt]
\text{I} & 3x - 4y = 16 & \\
\text{II'} & 10x + 4y = 88 & \big| \text{Additionsverfahren} \\[4pt]
& 13x \phantom{- 4y} = 104 & \big| : 13 \\[4pt]
& x \phantom{- 4y} = 8 & \big| \text{In die 1. Gleichung einsetzen} \\[4pt]
& 3 \cdot 8 - 4y = 16 & \big| -24 \\[4pt]
& -4y = -8 & \big| : (-4) \\[4pt]
& y = 2 &
\end{array}
$$

$L = \{(8 \mid 2)\}$

b)

$$
\begin{array}{rlrl}
\text{I} & 2x - 3y = -15 & \\
\text{II} & x - 1{,}5y = 1{,}5 & \big| \cdot (-2) \\[4pt]
\text{I} & 2x - 3y = -15 & \\
\text{II'} & -2x + 3y = -3 & \big| \text{Additionsverfahren} \\[4pt]
& 0 = -18 & \big| \text{Dies ist eine falsche Aussage.}
\end{array}
$$

Das Gleichungssystem hat keine Lösung.  $L = \varnothing$

Da das Gleichungssystem keine Lösung hat, müssen die beiden durch die Gleichungen beschriebenen Geraden parallel sein.

Lösen wir beide Gleichungen des Systems nach y auf, so erhalten wir:

$$2x - 3y = -15 \;\Rightarrow\; y = \frac{2}{3}x + 5 \quad (g_1)$$

$$x - 1{,}5y = 1{,}5 \;\Rightarrow\; y = \frac{2}{3}x - 1 \quad (g_2)$$

$g_1$ und $g_2$ haben die gleiche Steigung $m = \frac{2}{3}$, aber verschiedene y-Achsenabschnitte ($t_1 = 5$; $t_2 = -1$), sind also parallel.

c)

$$
\begin{array}{rlll}
\text{I} & 2x - 4y = -10 & \big| -2x \;\big| : (-4) \\
\text{II} & \phantom{2x - 4}y = 2x - 4 &
\end{array}
$$

Da die 2. Gleichung nach y aufgelöst vorliegt, lösen wir die 1. Gleichung ebenfalls nach y auf.

$$
\begin{array}{rll}
\text{I'} & y = \dfrac{1}{2}x + \dfrac{5}{2} & \\
\text{II} & y = 2x - 4 & \big| \text{Gleichsetzungsverfahren}
\end{array}
$$

$$
\begin{array}{rll}
2x - 4 = \dfrac{1}{2}x + \dfrac{5}{2} & \Big| -\dfrac{1}{2}x + 4 \\[8pt]
\dfrac{3}{2}x = \dfrac{13}{2} & \Big| \cdot \dfrac{2}{3} \\[8pt]
x = \dfrac{13}{3} &
\end{array}
$$

$$y = 2 \cdot \frac{13}{3} - 4 \qquad \Big| \text{Für x in der 2. Gleichung } \frac{13}{3} \text{ eingesetzt}$$

$$y = \frac{26}{3} - \frac{12}{3}$$

$$y = \frac{14}{3}$$

$$L = \left\{ \left( \frac{13}{3} \,\middle|\, \frac{14}{3} \right) \right\}$$

**69**

| | |
|---|---|
| 1. Zahl: | $x$ |
| 2. Zahl: | $y$ |
| Summe der Zahlen: | $x + y$ |
| Differenz der Zahlen: | $x - y$ |
| Aufstellen der Gleichungen: | $x + y = -1$ |
| | $\underline{x - y = \phantom{-}7}$ |

Addieren beider Gleichungen: $\qquad 2x = 6 \qquad |:2$

$\qquad\qquad\qquad x = 3$

In die erste Gleichung eingesetzt: $\quad 3 + y = -1 \qquad |-3$

$\qquad\qquad\qquad\qquad y = -4$

$L = \{(3 \mid -4)\}$
Die beiden Zahlen heißen 3 und $-4$.

---

**70**

| | |
|---|---|
| 1. Zahl: | $x$ |
| 2. Zahl: | $y$ |
| Aufstellen der Gleichungen: | $3x + \phantom{2}y = 13$ |
| | $\underline{x - 2y = 23}$ |

Die erste Gleichung nach y auflösen: $\qquad y = 13 - 3x \quad |:2$

und in die zweite Gleichung einsetzen: $\quad x - 2 \cdot (13 - 3x) = 23$

$\qquad\qquad\qquad\qquad x - 26 + 6x = 23$

$\qquad\qquad\qquad\qquad\qquad 7x - 26 = 23 \qquad |+26$

$\qquad\qquad\qquad\qquad\qquad\qquad 7x = 49 \qquad |:7$

$\qquad\qquad\qquad\qquad\qquad\qquad\quad x = 7$

$\qquad\qquad y = 13 - 3 \cdot 7$

$\qquad\qquad y = -8$

$L = \{(7 \mid -8)\}$
Die beiden Zahlen heißen 7 und $-8$.

---

**71** 1. Säure hat Schwefelsäureanteil $x \%$
2. Säure hat Schwefelsäureanteil $y \%$

Aufstellen der Gleichungen: $\quad x \cdot 400 + y \cdot 600 = 39 \cdot 1\,000$

$\qquad\qquad\qquad\qquad \underline{x \cdot 200 + y \cdot 800 = 32 \cdot 1\,000} \quad |\cdot (-2)$

$\qquad\qquad\qquad\qquad 400x + 600y = 39\,000$

$\qquad\qquad\qquad\qquad \underline{-400x - 1\,600y = -64\,000}$

$\qquad\qquad\qquad\qquad\qquad -1\,000y = -25\,000 \qquad |:(-1\,000)$

$\qquad\qquad\qquad\qquad\qquad\qquad\quad y = 25$

eingesetzt in die zweite Gleichung: $\quad 200x + 20\,000 = 32\,000$

$\qquad\qquad\qquad\qquad\qquad\qquad 200x = 12\,000$

$\qquad\qquad\qquad\qquad\qquad\qquad\quad x = 60$

Die erste Schwefelsäure ist 60 %ig, die zweite 25 %ig.

**72**  1. Essigsäure hat Säureanteil x %.
2. Essigsäure hat Säureanteil y %.
Aufstellen der Gleichungen:

| | | |
|---|---|---|
| $150x + 250y = (150 + 250) \cdot 18{,}5$ | | (1) |
| $250x + 150y = (250 + 150) \cdot 17{,}5$ | | (2) |
| $150x + 250y = 7\,400$ | $\vert : 50$ | (3) |
| $250x + 150y = 7\,000$ | $\vert : 50$ | (4) |
| $3x + 5y = 148$ | $\vert \cdot 3$ | (5) |
| $5x + 3y = 140$ | $\vert \cdot (-5)$ | (6) |
| $9x + 15y = 444$ | | (7) |
| $-25x - 15y = -700$ | | (8) |

Addieren beider Gleichungen:

$$-16x = -256$$
$$x = 16$$

eingesetzt in (5):

| | |
|---|---|
| $3 \cdot 16 + 5y = 148$ | |
| $48 + 5y = 148$ | $\vert -48$ |
| $5y = 100$ | $\vert : 5$ |
| $y = 20$ | |

Die erste Essigsäure ist 16 %ig, die zweite ist 20 %ig.

---

**73**  Erste Rechteckseite: $\quad$ x (cm)
zweite Rechtecksseite: $\quad$ x + 4 (cm)
Umfang $\qquad\qquad\quad$ $u = 2 \cdot x + 2 \cdot (x + 4)$
Aufstellen der Gleichung: $\quad 2 \cdot x + 2 \cdot (x + 4) = 36$

| | |
|---|---|
| $4x + 8 = 36$ | $\vert -8$ |
| $4x = 28$ | $\vert : 4$ |
| $x = 7$ | |

Die eine Seite des Rechtecks ist 7 cm lang, die andere 11 cm.

---

**74**  Basis: $\qquad$ x (cm)
Schenkel $\quad$ x − 15 (cm)
Umfang $\qquad$ $u = x + 2 \cdot (x - 15); \quad u = 120\,cm$

| | |
|---|---|
| $x + 2 \cdot (x - 15) = 120$ | |
| $x + 2x - 30 = 120$ | $\vert + 30$ |
| $3x = 150$ | $\vert : 3$ |
| $x = 50$ | |

Die Basis des gleichschenkligen Dreiecks ist 50 cm lang, die beiden Schenkel sind jeweils 35 cm lang.

**75**  Fahrzeit des ersten Autos
bis zum Treffpunkt → x

Weg des ersten Autos von Ort A
bis zum Treffpunkt → y

| | 10.00 Uhr | Treffpunkt | 11.30 Uhr |
|---|---|---|---|
| Zeit | x | | $x_0 = 1{,}5$ h |
| Geschwindigkeit | $v_1 = 90 \frac{km}{h}$ | | $v_2 = 75 \frac{km}{h}$ |
| Weg | $v_1 \cdot x$ | | $v_2 \cdot (x - 1{,}5$ h$)$ |
| | Auto 1 → | | ← Auto 2 |

T

y ⟷ 360 km − y

360 km

Aus der Zeichnung können wir die von beiden Autos
bis zum Treffpunkt zurückgelegten Wege ablesen:

Auto 1:  $y = 90 \dfrac{km}{h} \cdot x$

Auto 2:  $360 \text{ km} - y = 75 \dfrac{km}{h} \cdot (x - 1{,}5 \text{ h})$

Dies ist ein lineares Gleichungssystem für die beiden Variablen x und y.
Wir lösen die zweite Gleichung ebenfalls nach y auf und erhalten:

I:  $y = \phantom{-}90 \dfrac{km}{h} \cdot x$

II:  $y = -75 \dfrac{km}{h} \cdot x + 472{,}5 \text{ km}$ ⎪ Gleichsetzungsverfahren

$90 \dfrac{km}{h} \cdot x = -75 \dfrac{km}{h} \cdot x + 472{,}5 \text{ km}$ ⎪ $+ 75 \dfrac{km}{h}$

$165 \dfrac{km}{h} \cdot x = 472{,}5 \text{ km}$ ⎪ $: 165 \dfrac{km}{h}$

$x \approx 2{,}86 \text{ h} \overset{\wedge}{=} 2 \text{ h } 52 \text{ min}$

$y = 90 \dfrac{km}{h} \cdot 2{,}86 \text{ h}$

$y = 257{,}4 \text{ km}$

Um 12.52 Uhr und 257,4 km von A entfernt begegnen sich beide Fahrzeuge. Der Fahrer des zweiten Autos hat in
1 h 22 min (von 11.30 Uhr bis 12.52 Uhr) 102,6 km bis zum Treffpunkt zurückgelegt.

---

**76**  a)  Skizze:

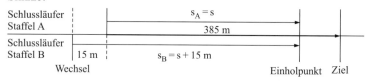

Die von beiden Schlussläufern vom Wechsel der Staffel B bis zum Einholpunkt zurückgelegten Wege können aus der Zeichnung abgelesen werden. Wenn der Läufer A für den Weg vom Wechsel der Staffel B bis
zum Einholpunkt t Sekunden benötigt, dann legt der Läufer B in derselben Zeitspanne von t Sekunden einen
um 15 m längeren Weg zurück.

I:  $s = \dfrac{400 \text{ m}}{47{,}8 \text{ s}} \cdot t$   (Staffel A)

II:  $s + 15 \text{ m} = \dfrac{400 \text{ m}}{45{,}7 \text{ s}} \cdot t$   (Staffel B)

Einsetzen der Gleichung I in Gleichung II ergibt:

$\dfrac{400 \text{ m}}{47{,}8 \text{ s}} \cdot t + 15 \text{ m} = \dfrac{400 \text{ m}}{45{,}7 \text{ s}} \cdot t$ ⎪ $\cdot 47{,}8 \text{ s} \cdot 45{,}7 \text{ s}$

$400 \text{ m} \cdot t \cdot 45{,}7 \text{ s} + 15 \text{ m} \cdot 47{,}8 \text{ s} \cdot 45{,}7 \text{ s} = 400 \text{ m} \cdot t \cdot 47{,}8 \text{ s}$ ⎪ $: 400 \text{ m}$

$45{,}7 \text{ s} \cdot t + \dfrac{15 \text{ m} \cdot 47{,}8 \text{ s} \cdot 45{,}7 \text{ s}}{400 \text{ m}} = 47{,}8 \text{ s} \cdot t$ ⎪ $- 45{,}7 \text{ s} \cdot t$

$2{,}1 \text{ s} \cdot t = \dfrac{15 \text{ m} \cdot 47{,}8 \text{ s} \cdot 45{,}7 \text{ s}}{400 \text{ m}}$ ⎪ $: 2{,}1 \text{ s}$

$t \approx 39{,}01 \text{ s}$

Einsetzen von t in Gleichung I:

$$s = \frac{400 \text{ m}}{47,8 \text{ s}} \cdot 39,01 \text{ s} \approx 326,4 \text{ m}$$

Nach 326,4 m, d. h. 385 m − 326,4 m = 58,6 m vor dem Ziel, wird der Schlussläufer der Staffel A vom Schlussläufer der Staffel B eingeholt und überholt.

b)  Die beiden Schlussläufer erreichen das Ziel gleichzeitig, wenn der Läufer A für die 385 m, die er noch bis ins Ziel zurücklegen muss, die gleiche Zeit braucht, die der Läufer B für seine 400 m bis zum Ziel benötigt, also 45,7 s. Damit kann nun berechnet werden, wie lange Läufer A für die 400 m brauchen darf.

Bezeichnet man mit $v_{neu}$ die erhöhte Geschwindigkeit des Schlussläufers von Staffel A, so gilt:

I:   $385 \text{ m} = v_{neu} \cdot 45,7 \text{ s}$   $\rightarrow$   $v_{neu} = \dfrac{385 \text{ m}}{45,7 \text{ s}}$       (Läufer A auf 385 m)

II:  $400 \text{ m} = v_{neu} \cdot t$       (Läufer A auf 400 m)

Einsetzen des aus Gleichung I erhaltenen Werts für $v_{neu}$ in Gleichung II:

$$400 \text{ m} = \frac{385 \text{ m}}{45,7 \text{ s}} \cdot t \qquad \Big| \cdot \frac{45,7 \text{ s}}{385 \text{ m}}$$

$$t = \frac{400 \text{ m} \cdot 45,7 \text{ s}}{385 \text{ m}}$$

$$t \approx 47,5 \text{ s} \qquad \text{400-m-Zeit von Läufer A}$$

Damit Staffel A gerade noch gewinnt, muss der Schlussläufer seine 400 m in etwas weniger als 47,5 s laufen.

# 3 Quadratische Funktionen und Gleichungen

**77** Setze die Koordinaten der Punkte für x und y in die Gleichung $y = a \cdot x^2$ ein und berechne aus der so entstandenen Gleichung den Koeffizienten a.

a) $P(2 \mid -2)$

$$-2 = a \cdot 2^2$$

$$a = -\frac{1}{2}$$

$$y = -\frac{1}{2} \cdot x^2$$

b) $Q(-5 \mid 12,5)$

$$12,5 = a \cdot (-5)^2$$

$$a = \frac{1}{2}$$

$$y = \frac{1}{2} \cdot x^2$$

c) $A(-2,5 \mid -18,75)$

$$-18,75 = a \cdot (2,5)^2$$

$$a = -3$$

$$y = -3 \cdot x^2$$

d) $B(2 \mid -4)$

$$-4 = a \cdot 2^2$$

$$a = -1$$

$$y = -x^2$$

e) $C(8 \mid 16)$

$$16 = a \cdot 8^2$$

$$a = \frac{1}{4}$$

$$y = \frac{1}{4} \cdot x^2$$

**78**

| Faktor | Öffnung | Form der Parabel | Beispiel |
|---|---|---|---|
| $a > 1$ | nach oben | schmaler als Normalparabel | $y = 2x^2$ |
| $a = 1$ | nach oben | Normalparabel | $y = x^2$ |
| $0 < a < 1$ | nach oben | breiter als Normalparabel | $y = \frac{1}{3} \cdot x^2$ |
| $-1 < a < 0$ | nach unten | breiter als Normalparabel | $y = -\frac{1}{2} \cdot x^2$ |
| $a = -1$ | nach unten | Normalparabel | $y = -x^2$ |
| $a < -1$ | nach unten | schlanker als Normalparabel | $y = -2 \cdot x^2$ |

**79** $s = 0,042 \cdot v^2$ (s in m; v in $\frac{km}{h}$)

a)

| v in $\frac{km}{h}$ | 0 | 30 | 60 | 90 | 120 | 150 | 180 | 210 | 240 |
|---|---|---|---|---|---|---|---|---|---|
| s in m | 0 | 37,8 | 151 | 340 | 605 | 945 | 1 361 | 1 852 | 2 419 |

*Hinweis:* Die Werte sind ggf. gerundet

b) $v_1 = 40 \frac{km}{h} \quad \Rightarrow \quad s_1 = 70 \text{ m}$

$v_2 = 200 \frac{km}{h} \quad \Rightarrow \quad s_2 = 1\,700 \text{ m}$

c) $s_1 = 0,042 \cdot 40^2$ $\qquad\qquad\qquad\qquad$ $s_2 = 0,042 \cdot 200^2$

$\quad s_1 = 67,2 \text{ m}$ $\qquad\qquad\qquad\qquad\qquad$ $s_2 = 1\,680 \text{ m}$

**80** $\quad s = a \cdot v^2$ (s in m;  v in $\frac{km}{h}$)

a) $v = 90 \frac{km}{h}$; $s = 81 \text{ m}$

$81 \text{ m} = a \cdot 90^2 \frac{km^2}{h^2}$

$a = 0,01 \frac{m \cdot h^2}{km^2}$

b) $s = 0,01 \cdot v^2$

| v in $\frac{km}{h}$ | 50 | 60 | 80 | 100 | 130 |
|---|---|---|---|---|---|
| s in m | 25 | 36 | 64 | 100 | 169 |

c) s in m (Bremsweg)

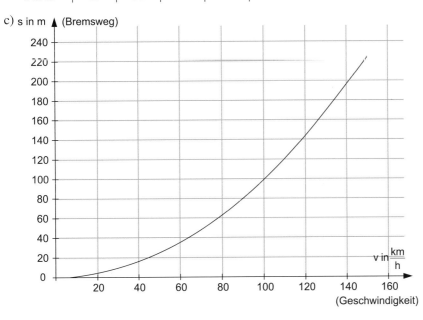

v in $\frac{km}{h}$ (Geschwindigkeit)

**81**

| x | −5 | −4 | −3 | −2 | −1 | 0 | 1 | 2 | 3 | 4 | 5 |
|---|---|---|---|---|---|---|---|---|---|---|---|
| a) $y = x^2 - 3$ | 22 | 13 | 6 | 1 | −2 | 3 | 2 | 1 | 6 | 13 | 22 |
| b) $y = x^2 + 5$ | 30 | 21 | 14 | 9 | 6 | 5 | 6 | 9 | 14 | 21 | 30 |
| c) $y = x^2 - 6$ | 19 | 10 | 3 | −2 | −5 | −6 | −5 | −2 | 3 | 10 | 19 |

a)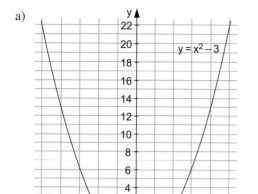

b)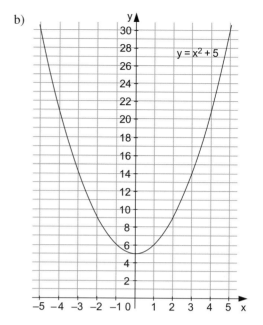

c)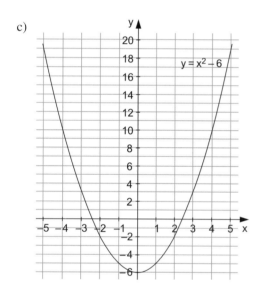

**82** Die verschobene (Normal-) Parabel hat die Funktionsgleichung $y = 1 \cdot x^2 + q$.

P(−2|6):

$6 = 1 \cdot (-2)^2 + q$

$6 = 4 + q$

$q = 2$

Funktionsgleichung: $f: y = x^2 + 2$

**83** Setze die Koordinaten des Punktes Q für x und y in die Gleichung $y = x^2 + q$ ein. Du erhältst eine lineare Gleichung.

Q(−2|−3): $-3 = (-2)^2 + q$

$\qquad -3 = 4 + q \qquad |-4$

$\qquad -7 = q$

Funktionsgleichung: $f: y = x^2 - 7$

**84**  $y = x^2 + q$

a) $q = 2$
    f: $y = x^2 + 2$

b) $q = -8$
    f: $y = x^2 - 8$

c) $q = -4$
    f: $y = x^2 - 4$

d) $q = 4$
    f: $y = x^2 + 4$

**85**

| | x | –5 | –4 | –3 | –2 | –1 | 0 | 1 | 2 | 3 | 4 | 5 |
|---|---|---|---|---|---|---|---|---|---|---|---|---|
| a) | $y = (x+1)^2$ | 16 | 9 | 4 | 1 | 0 | 1 | 4 | 9 | 16 | 25 | 36 |
| b) | $y = (x-2)^2$ | 49 | 36 | 25 | 16 | 9 | 4 | 1 | 0 | 1 | 4 | 9 |
| c) | $y = \left(x - \dfrac{3}{2}\right)^2$ | 42,25 | 30,25 | 20,25 | 12,25 | 6,25 | 2,25 | 0,25 | 0,25 | 2,25 | 6,25 | 12,25 |

a)

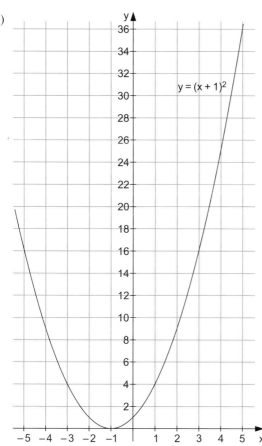

$y = (x + 1)^2$

b)

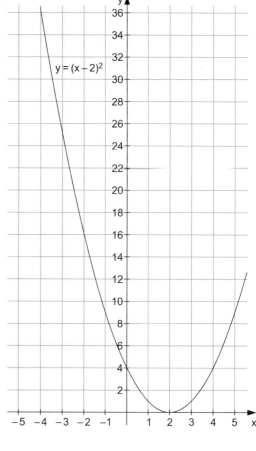

$y = (x - 2)^2$

c)

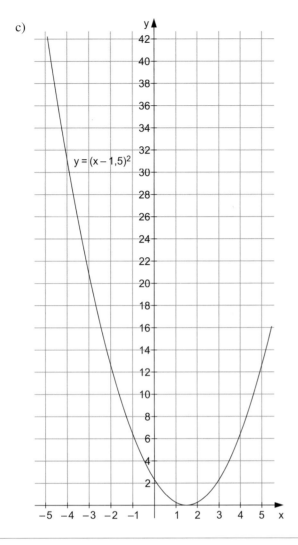

**86**  $y = (x - m)^2$

Da die Gerade g: $x = 4$ Symmetrieachse
der Parabel ist, muss $m = 4$ sein.

Funktionsgleichung:  $y = (x - 4)^2$

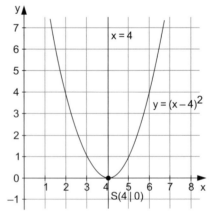

**87**  a)  $m = -3$

Funktionsgleichung  $y = (x + 3)^2$

b)  $m = 5$

Funktionsgleichung  $y = (x - 5)^2$

**88** Streckung mit $a = -2$:  $\quad\quad\quad\quad y = -2x^2$

Scheitel: $\quad\quad\quad\quad\quad\quad\quad\quad S(0\,|\,0)$

Symmetrieachse: $\quad\quad\quad\quad\quad x = 0$ (y-Achse)

$D = \mathbb{R}$

$W = \{y\,|\,y \le 0\}_{\mathbb{R}}$

---

**89** Der Scheitel $S(m\,|\,n)$ liegt auf der Symmetrieachse g: $x = 3$:

$m = 3 \quad \Rightarrow \quad$ Funktionsgleichung $y = (x-3)^2 + n$

$P(2\,|\,-1)$: $\quad -1 = (2-3)^2 + n$

$\quad\quad\quad\quad\quad -1 = 1 + n \quad\quad |-1$

$\quad\quad\quad\quad\quad -2 = n$

Funktionsgleichung:

$y = (x-3)^2 - 2$

Scheitel:

$x_S = 3; \quad y_S = -2 \quad \Rightarrow \quad S(3\,|\,-2)$

---

**90** Scheitel $S(m\,|\,n)$ und Funktionsgleichung $y = (x-m)^2 + n$:

$m = -3; \quad n = -1$

Die Funktionsgleichung lautet:

$f: \quad y = (x-(-3))^2 + (-1)$

$\quad\quad y = (x+3)^2 - 1$

$\quad\quad y = x^2 + 6x + 9 - 1$

$\quad\quad y = x^2 + 6x + 8$

---

**91** a) $f_1$: $\quad y = x^2 - 8x + 8$

$\quad\quad\quad y = (x-4)^2 - 16 + 8 \quad\quad$ Quadratische Ergänzung

$\quad\quad\quad y = (x-4)^2 - 8 \quad\quad\quad\quad$ Scheitel $S(4\,|\,-8)$

$\quad\quad\quad D = \mathbb{R}$

$\quad\quad\quad W = \{y\,|\,y \ge -8\}_{\mathbb{R}}$

b) $f_2$: $\quad y = x^2 + x - 1$

$\quad\quad\quad y = x^2 + x + \dfrac{1}{4} - 1 - \dfrac{1}{4} \quad\quad$ Quadratische Ergänzung

$\quad\quad\quad y = \left(x + \dfrac{1}{2}\right)^2 - \dfrac{5}{4} \quad\quad$ Scheitel $S\left(-\dfrac{1}{2}\,\Big|\,-\dfrac{5}{4}\right)$

$\quad\quad\quad D = \mathbb{R}$

$\quad\quad\quad W = \left\{y\,\Big|\,y \ge -\dfrac{5}{4}\right\}_{\mathbb{R}}$

Wertetabellen:

| | | x | −2 | −1 | 0 | 1 | 2 | 3 | 4 | 5 | 6 | 7 |
|---|---|---|---|---|---|---|---|---|---|---|---|---|
| a) | $f_1$ | y | 28 | 17 | 8 | 1 | −4 | −7 | −8 | −7 | −4 | 1 |
| b) | $f_2$ | y | 1 | −1 | −1 | 1 | 5 | 11 | 19 | | | |

Graphen zu a) und b):

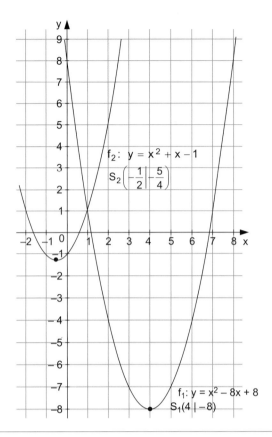

$f_2\colon\ y = x^2 + x - 1$

$S_2\left(-\dfrac{1}{2}\,\middle|\,-\dfrac{5}{4}\right)$

$f_1\colon\ y = x^2 - 8x + 8$

$S_1(4\,|\,-8)$

---

**92**   $P_1(2\,|-3)$:     $-3 = 2^2 + 2p + q$     $|\cdot(-1)$

   $P_2(6\,|\,5)$:      $5 = 6^2 + 6p + q$

   $\overline{\phantom{xx}3 = -4 - 2p - q}$     $|\,\text{Additionsmethode}$

   $\phantom{x}5 = \phantom{x}36 + 6p + q$

   $\overline{\phantom{xx}8 = 32 + 4p}$     $\Rightarrow 4p = -24$

   $\phantom{xxxxxxxxxx}p = -6$

   $-3 = 4 + 2\cdot(-6) + q$     $|\,\text{Für p wird in der 1. Gleichung } -6 \text{ eingesetzt}$

   $-3 - 4 + 12 = q$   $\Rightarrow$   $q = 5$

Funktionsgleichung f:

$y = x^2 - 6x + 5$

Parabelscheitel:

$x_S = -\dfrac{-6}{2}$     $x_S = 3$

$\left.\begin{array}{l}\\[12pt]\end{array}\right\}\ S(3\,|-4)$

$y_S = 5 - \dfrac{(-6)^2}{4}$   $y_S = -4$

---

**93**   a)  $f_1\colon\ y = x^2 + 8x + 15{,}5$

   $y = x^2 + 8x + \left(\dfrac{8}{2}\right)^2 + 15{,}5 - \left(\dfrac{8}{2}\right)^2$     Quadratische Ergänzung

   $y = (x+4)^2 + 15{,}5 - 16$

   $f_1\colon\ y = (x+4)^2 - 0{,}5$

   Scheitel:

   $S(-4\,|-0{,}5)$

Symmetrieachse:

$x = -4$

$D = \mathbb{R}$

$W = \left\{ y \mid y \geq -\dfrac{1}{2} \right\}$

Die Parabel geht aus der Normalparabel durch Verschieben um 4 Einheiten nach links und 0,5 Einheiten nach unten hervor.

b) $f_2$: $y = x^2 + 12x - 14$

$\quad\quad y = x^2 + 12x + 36 - 14 - 36$ \quad\quad Quadratische Ergänzung

$f_2$: $y = (x + 6)^2 - 50$

Scheitel:

$S(-6 \mid -50)$

Symmetrieachse:

$x = -6$

$D = \mathbb{R}$

$W = \{ y \mid y \geq -50 \}$

Die Parabel erhält man aus der Normalparabel durch Verschieben um 6 Einheiten nach links und 50 Einheiten nach unten.

---

**94**   $p_2$: $y = (x - x_S)^2 + y_S$
$\quad\quad S(-1 \mid -2)$

$p_2$: $y = (x + 1)^2 - 2$

$p_1$: $y = (x - x_S)^2 + y_S$
$\quad\quad S(4 \mid 3)$

$p_1$: $y = (x - 4)^2 + 3$

---

**95**   a)   $2x^2 - 98 = 0 \quad \mid +98 \quad \mid : 2$

$\quad\quad\quad\quad x^2 = 49$

$\quad\quad\quad\quad\quad x = \pm\sqrt{49}$

$\quad\quad x_1 = 7; \; x_2 = -7$

b)   $3x^2 - \dfrac{108}{169} = 0 \quad \left| +\dfrac{108}{169} \right. \quad \mid : 3$

$\quad\quad\quad\quad x^2 = \dfrac{36}{169}$

$\quad\quad\quad\quad x = \pm\sqrt{\dfrac{36}{169}}$

$\quad x_1 = \dfrac{6}{13}; \; x_2 = -\dfrac{6}{13}$

c)   $\quad (x - 2)^2 + 12x = -3x^2 + (x + 4)^2$

$\quad x^2 - 4x + 4 + 12x = -3x^2 + x^2 + 8x + 16 \quad \mid +2x^2 - 8x - 4$

$\quad\quad\quad\quad\quad 3x^2 = 12 \quad\quad\quad\quad\quad \mid : 3$

$\quad\quad\quad\quad\quad\; x^2 = 4$

$\quad\quad\quad\quad\quad\;\; x = \pm\sqrt{4}$

$\quad x_1 = 2; \; x_2 = -2$

d) $(x-2)^2 + 12(x-1) = -3x^2 + (x+4)^2$

$x^2 - 4x + 4 + 12x - 12 = -3x^2 + x^2 + 8x + 16 \qquad |+2x^2 - 8x + 8$

$\qquad\qquad\qquad 3x^2 = 24 \qquad\qquad\qquad\qquad |:3$

$\qquad\qquad\qquad\quad x^2 = 8$

$\qquad\qquad\qquad\quad x = \pm\sqrt{8}$

$x_1 = +\sqrt{8}; \quad x_2 = -\sqrt{8}$

e) $5x^2 + 45 = 0 \qquad |-45 \qquad |:5$

$\qquad\quad x^2 = -9$

$\qquad\quad x = \pm\sqrt{-9}$

Es gibt keine reelle Lösung.

f) $5 - (x-3)^2 = 3(2x-1)$

$5 - x^2 + 6x - 9 = 6x - 3 \qquad |-6x + 4$

$\qquad\quad -x^2 = 1 \qquad\qquad |\cdot(-1)$

$\qquad\quad\;\; x^2 = -1$

$\qquad\quad\;\; x = \pm\sqrt{-1}$

Es gibt keine reelle Lösung.

g) $\dfrac{x+5}{25} = \dfrac{3}{x-5} \qquad |\cdot 25 \cdot (x-5) \qquad D = \{x \,|\, x \neq 5\}$

$(x+5)(x-5) = 3 \cdot 25$

$\qquad x^2 - 25 = 75 \qquad |+25$

$\qquad\quad\; x^2 = 100$

$\qquad\qquad x = \pm\sqrt{100}$

$x_1 = 10; \quad x_2 = -10$

---

**96**  a) $x^2 - 9 = 0$ 　　　　b) $x^2 - \dfrac{9}{16} = 0$ 　　　　c) $x^2 - 5 = 0$

---

**97**  a) $3x^2 - 16{,}5265 = 0$

$\qquad\quad x^2 = \dfrac{16{,}5265}{3}$

$x_1 \approx 2{,}35; \quad x_2 \approx -2{,}35$

b) $2{,}5x^2 - (8{,}75)^3 = 0$

$\qquad\quad x^2 = \dfrac{(8{,}75)^3}{2{,}5}$

$x_1 \approx 16{,}37; \quad x_2 \approx -16{,}37$

c) $0{,}5x^2 = (\sqrt{6{,}25})^3$

$\qquad\quad x^2 = \dfrac{(\sqrt{6{,}25})^3}{0{,}5}$

$x_1 \approx 5{,}59; \quad x_2 \approx -5{,}59$

---

**98**  a) $x^2 - \dfrac{3}{4}x = 0$

$x\left(x - \dfrac{3}{4}\right) = 0$

$x_1 = 0; \quad x_2 = \dfrac{3}{4}$

$L = \left\{0; \dfrac{3}{4}\right\}$

b) $2x^2 - 5x = 0 \qquad |:2$

$x^2 - 2{,}5x = 0$

$x(x - 2{,}5) = 0$

$x_1 = 0; \quad x_2 = 2{,}5$

$L = \{0; 2{,}5\}$

c) $-3x^2 + 9x = 0 \qquad |:(-3)$

$x^2 - 3x = 0$

$x(x - 3) = 0$

$x_1 = 0; \quad x_2 = 3$

$L = \{0; 3\}$

**99**   a)   $2x^2 + 6x - 20 = 0$     $\vert : 2$

$\qquad x^2 + 3x - 10 = 0$

$\qquad p = 3; \ q = -10$

$\qquad D = \left(\dfrac{p}{2}\right)^2 - q$

$\qquad D = \left(\dfrac{3}{2}\right)^2 - (-10)$

$\qquad D = \dfrac{49}{4} \quad \rightarrow \ 2 \text{ Lösungen}$

$\qquad x_{1/2} = -\dfrac{3}{2} \pm \sqrt{\dfrac{49}{4}}$

$\qquad x_{1/2} = -\dfrac{3}{2} \pm \dfrac{7}{2}$

$\qquad L = \{2; -5\}$

   b)   $p = -2; \ q = -15$

$\qquad D = \left(\dfrac{p}{2}\right)^2 - q$

$\qquad D = 1 - (-15)$

$\qquad D = 16 \quad \rightarrow \ 2 \text{ Lösungen}$

$\qquad x_{1/2} = 1 \pm \sqrt{16}$

$\qquad x_{1/2} - 1 \perp 4$

$\qquad L = \{5; -3\}$

   c)   $(2x - 5)^2 = x(x - 9) + 19$

$\qquad 4x^2 - 20x + 25 = x^2 - 9x + 19 \qquad \vert -x^2 + 9x - 19$

$\qquad 3x^2 - 11x + 6 = 0 \qquad\qquad\quad \vert : 3$

$\qquad x^2 - \dfrac{11}{3}x + 2 = 0$

$\qquad p - -\dfrac{11}{3}; \ q = 2$

$\qquad D = \left(\dfrac{p}{2}\right)^2 - q$

$\qquad D = \left(-\dfrac{11}{6}\right)^2 - 2$

$\qquad D = \dfrac{49}{36} \quad \rightarrow \ 2 \text{ Lösungen}$

$\qquad x_{1/2} = \dfrac{11}{6} \pm \sqrt{\dfrac{49}{36}}$

$\qquad x_{1/2} = \dfrac{11}{6} \pm \dfrac{7}{6}$

$\qquad L = \left\{3; \dfrac{2}{3}\right\}$

   d)   $3x(x - 1) - 2(10 - x) = 40 + 2x$

$\qquad 3x^2 - 3x - 20 + 2x = 40 + 2x \qquad \vert -40 - 2x$

$\qquad 3x^2 - 3x - 60 = 0 \qquad\qquad\quad \vert : 3$

$\qquad x^2 - x - 20 = 0$

$\qquad p = -1; \ q = -20$

$$D = \left(\frac{p}{2}\right)^2 - q$$

$$D = \left(-\frac{1}{2}\right)^2 + 20$$

$$D = \frac{81}{4} \quad \rightarrow \quad 2 \text{ Lösungen}$$

$$x_{1/2} = \frac{1}{2} \pm \sqrt{\frac{81}{4}}$$

$$x_{1/2} = \frac{1}{2} \pm \frac{9}{2}$$

$$L = \{5; -4\}$$

**100**

|  | Länge in m | Breite in m | Flächeninhalt in m$^2$ |
|---|---|---|---|
| Altes Rechteck | $\ell = b + 20$ | b | $A_{alt} = b \cdot (b + 20)$ |
| Neues Rechteck | $\ell - 5 = b + 15$ | 2b | $A_{neu} = 2b \cdot (b + 15)$ |

$$A_{neu} = A_{alt} + 936$$
$$2b \cdot (b + 15) = b \cdot (b + 20) + 936$$
$$2b^2 + 30b = b^2 + 20b + 936 \qquad | -b^2 - 20b - 936$$
$$b^2 + 10b - 936 = 0$$
$$(p = 10; \; q = -936)$$

$$b_{1/2} = -\frac{10}{2} \pm \sqrt{\left(\frac{10}{2}\right)^2 + 936}$$

$$b_{1/2} = -5 \pm \sqrt{\frac{3844}{4}}$$

$$b_{1/2} = -5 \pm 31$$

$$b_1 = 26; \; b_2 = -36$$

$b_2$ scheidet als Lösung aus, da die Länge nicht negativ sein kann.

|  | Länge in m | Breite in m | Flächeninhalt in m$^2$ |
|---|---|---|---|
| Altes Rechteck | 46 | 26 | 1 196 |
| Neues Rechteck | 41 | 52 | 2 132 |

**101** a) $x^2 - 4x + 3 = 0$, d. h. $p = -4$; $q = 3$

$$x_1 = 1; \; x_2 = 3 \; \Rightarrow \quad x_1 + x_2 = 1 + 3 = 4 = -(-4) = -p$$
$$x_1 \cdot x_2 = 1 \cdot 3 = 3 = q$$

Nach dem Satz von Vieta sind $x_1 = 1$ und $x_2 = 3$ tatsächlich Lösungen der Gleichung.

b) $4x^2 - 16x - 20 = 0 \quad |:4$
$$x^2 - 4x - 5 = 0$$

d. h. $p = -4$; $q = -5$
$$x_1 = -1; \; x_2 = 5 \; \Rightarrow \quad x_1 + x_2 = -1 + 5 = 4 = -(-4) = -p$$
$$x_1 \cdot x_2 = (-1) \cdot 5 = -5 = q$$

Somit sind $x_1 = -1$ und $x_2 = 5$ tatsächlich Lösungen der Gleichung.

**102**  a)  $x^2 - 7x + 6 = 0$

Nach dem Satz von Vieta gilt für die Lösungen $x_1, x_2$:

$x_1 + x_2 = -(-7) = 7; \quad x_1 \cdot x_2 = 6$

Mögliche Werte für $x_1$ und $x_2$ sind die Teiler von 6, also $\pm 1, \pm 2, \pm 3, \pm 6$. Wegen $1 + 6 = 7$ und $1 \cdot 6 = 6$

liefern $x_1 = 1$ und $x_2 = 6$ die Lösungen der Gleichung.

b)  $x^2 + 9x + 20 = 0$

Satz von Vieta:

$x_1 + x_2 = -9; \quad x_1 \cdot x_2 = 20$

Mögliche Werte für $x_1$ und $x_2$:

$\pm 1, \pm 2, \pm 4, \pm 5, \pm 10, \pm 20$

Mit $x_1 = -4$ und $x_2 = -5$ gelten $x_1 + x_2 = -9$ und $x_1 \cdot x_2 = 20$.

Somit sind $x_1 = -4$ und $x_2 = -5$ Lösungen der Gleichung.

c)  $x^2 + 8x - 20 = 0$

Satz von Vieta:

$x_1 + x_2 = -8; \quad x_1 \cdot x_2 = -20$

Mögliche Werte für $x_1$ und $x_2$:

$\pm 1, \pm 2, \pm 4, \pm 5, \pm 10, \pm 20$

Mit $x_1 = -10$ und $x_2 = 2$ gelten $x_1 + x_2 = -8$ und $x_1 \cdot x_2 = -20$.

Somit sind $x_1 = -10$ und $x_2 = 2$ Lösungen der Gleichung.

d)  $x^2 - x - 6 = 0$

Satz von Vieta:

$x_1 + x_2 = 1; \quad x_1 \cdot x_2 = -6$

Mögliche Werte für $x_1$ und $x_2$:

$\pm 1, \pm 2, \pm 3, \pm 6$

Mit $x_1 = 3$ und $x_2 = -2$ gelten $x_1 + x_2 = 1$ und $x_1 \cdot x_2 = -6$.

Somit sind $x_1 = 3$ und $x_2 = -2$ Lösungen der Gleichung.

---

**103**  a)  $-p = x_1 + x_2 \qquad q = x_1 \cdot x_2$

$-p = 2 - 6 = -4 \qquad q = 2 \cdot (-6)$

$p = 4 \qquad\qquad q = -12$

Gleichung: $x^2 + 4x - 12 = 0$

b)  $-p = -4 + 7{,}5 = 3{,}5 \qquad q = (-4) \cdot 7{,}5$

$p = -3{,}5 \qquad\qquad q = -30$

Gleichung: $x^2 - 3{,}5x - 30 = 0$

---

**104**  a)  $x^2 + 2x + 4 \qquad p = 2; \ q = 4$

$D = \left(\dfrac{2}{2}\right)^2 - 4$

$D = -3$

$D < 0 \ \rightarrow \ $ keine Nullstellen

b)  $x^2 - 6x - 6 \qquad p = -6; \ q = -6$

$D = \left(\dfrac{-6}{2}\right)^2 - (-6)$

$D = 15$

$D > 0 \ \rightarrow \ $ zwei Nullstellen

$x_{1/2} = \dfrac{6}{2} \pm \sqrt{15}$

Nullstellen: $x_1 = 6{,}87; \ x_2 = -0{,}87$

c) $x^2 + 2x - 1 = 0$ $\qquad$ $p = 2; \; q = -1$

$$D = \left(\frac{2}{2}\right)^2 - (-1)$$

$$D = 2$$

$D > 0 \;\rightarrow\;$ zwei Nullstellen

$$x_{1/2} = -\frac{2}{2} \pm \sqrt{2}$$

Nullstellen: $x_1 = -2,41; \; x_2 = 0,41$

d) $\qquad 2x^2 - 9x + 9 = 0 \quad |:2$

$\qquad x^2 - 4,5x + 4,5 = 0$ $\qquad$ $p = -4,5; \; q = 4,5$

$$D = \left(-\frac{9}{4}\right)^2 - \frac{9}{2}$$

$$D = \frac{9}{16}$$

$D > 0 \;\rightarrow\;$ zwei Nullstellen

$$x_{1/2} = -\frac{-9}{4} \pm \sqrt{\frac{9}{16}}$$

Nullstellen: $x_1 = 3; \; x_2 = \dfrac{3}{2}$

e) $x + 6x + 9 = 0$ $\qquad$ $p = 6; \; q = 9$

$$D = \left(\frac{6}{2}\right)^2 - 9$$

$D = 0 \;\rightarrow\;$ eine Nullstelle

$$x_{1/2} = -\frac{6}{2} \pm \sqrt{0}$$

Nullstelle: $x = -3$

f) $\dfrac{1}{2}x^2 - 4x + 5 = 0 \quad |\cdot 2$

$\qquad x^2 - 8x + 10 = 0$ $\qquad$ $p = -8; \; q = 10$

$$D = \left(-\frac{8}{2}\right)^2 - 10$$

$$D = 6$$

$D > 0 \;\rightarrow\;$ zwei Nullstellen

$$x_{1/2} = -\frac{-8}{2} \pm \sqrt{6}$$

Nullstellen: $x_1 \approx 6,45; \; x_2 \approx 1,55$

g) $y = (x + 2)^2 - 9$

Scheitel $S(-2 \mid -9)$ unterhalb der x-Achse

$\Rightarrow$ zwei Nullstellen: $x_1 = -5; \; x_2 = 1$

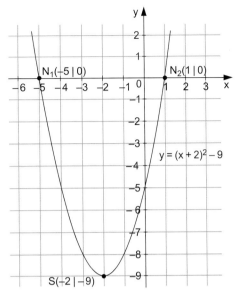

h) $y = (x - 3)^2$

Scheitel $S(3 \mid 0)$ auf der x-Achse

$\Rightarrow$ eine Nullstelle: $x = 3$

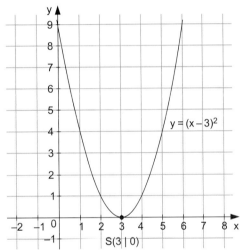

i) $y = (x - 1)^2 + 5$

Scheitel $S(1 \mid 5)$ oberhalb der x-Achse

$\Rightarrow$ keine Nullstelle.

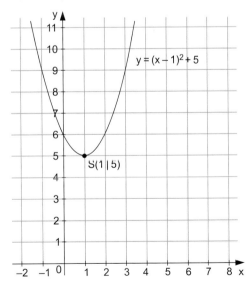

**105** Gleichsetzen der Funktionsterme von p und g.

$x^2 + 2x - 3 = 4x + 5 \qquad | -4x - 5$

$x^2 - 2x - 8 = 0$

$D = \left(\dfrac{-2}{2}\right)^2 - (-8) = 9 \quad \Rightarrow \quad 2 \text{ Schnittpunkte}$

$x_{1/2} = -1 \pm \sqrt{9} \quad \Rightarrow \quad x_1 = 4; \; x_2 = -2$

$y_1 = 4 \cdot 4 + 5 = 21 \qquad S(4 \,|\, 21)$

$y_2 = 4 \cdot (-2) + 5 = -3 \qquad S(-2 \,|\, -3)$

---

**106** a) Graphen:

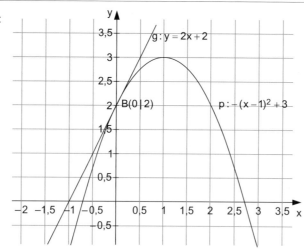

b) Wir berechnen die Schnittpunkte von Parabel und Gerade.

$-(x - 1)^2 + 3 = 2x + 2$

$-x^2 + 2x - 1 + 3 = 2x + 2 \qquad | -2x - 2 \qquad | \cdot (-1)$

$\qquad\qquad x^2 = 0$

Dies ist eine quadratische Gleichung mit $p = 0$ und $q = 0$.

Da $D = 0$, hat die quadratische Gleichung eine Lösung, d. h. Parabel und Gerade schneiden oder berühren sich in einem Punkt B. Die Gerade ist somit Tangente an die Parabel.

c) Berührpunkt: $\left.\begin{array}{l} x^2 = 0 \quad \Rightarrow \quad x = 0 \\ y = 2 \cdot 0 + 2 \quad \Rightarrow \quad y = 2 \end{array}\right\}$ $B(0 \,|\, 2)$

---

**107** a) Gleichsetzen der Funktionsterme von $p_1$ und $p_2$.

$2x^2 - 4{,}5x - 2 = -\dfrac{1}{2}x^2 - 2x + 3 \qquad \left| +\dfrac{1}{2}x^2 + 2x - 3 \right.$

$\dfrac{5}{2}x^2 - \dfrac{5}{2}x - 5 = 0 \qquad\qquad \left| \cdot \dfrac{2}{5} \right.$

$\qquad x^2 - x - 2 = 0$

$$D = \left(-\frac{1}{2}\right)^2 + 2 = \frac{9}{4}$$

Da D > 0 hat die quadratische Gleichung zwei Lösungen, d. h. $p_1$ und $p_2$ haben zwei Schnittpunkte $S_1$ und $S_2$.

$$x_{1/2} = -\left(-\frac{1}{2}\right) \pm \sqrt{\frac{9}{4}}$$

$$x_{1/2} = \frac{1}{2} \pm \frac{3}{2}$$

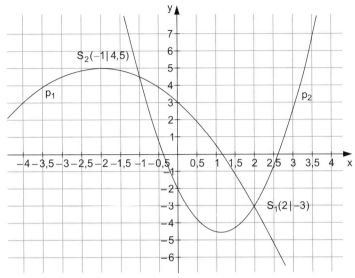

$$x_1 = 2 \quad \Rightarrow \quad y_1 = 2 \cdot 2^2 - 4,5 \cdot 2 - 2 = -3 \qquad\qquad S_1(2\,|-3)$$
$$x_2 = -1 \quad \Rightarrow \quad y_2 = 2 \cdot (-1)^2 - 4,5 \cdot (-1) - 2 = 4,5 \qquad S_2(-1\,|\,4,5)$$

b) Funktionsterme von $p_1$ und $p_2$ gleichsetzen:

$$-\frac{1}{2}x^2 - 2x - 2 = 0,5x^2 - 6x + 2 \qquad\Big|\; -\frac{1}{2}x^2 + 6x - 2$$

$$-x^2 + 4x - 4 = 0 \qquad\qquad\quad \Big|\cdot(-1)$$

$$x^2 - 4x + 4 = 0$$

$$D = \left(-\frac{4}{2}\right)^2 - 4$$

$$D = 0$$

Da die Diskriminante den Wert 0 hat, haben beide Parabeln einen Punkt gemeinsam, d. h. sie berühren sich in einem Punkt B.

$$x_B = -\left(-\frac{4}{2}\right) \pm \sqrt{0} \qquad\qquad x_B = 2 \quad \Bigg\}$$
$$y_B = -\frac{1}{2} \cdot (2)^2 - 2 \cdot 2 - 2 \qquad y_B = -8 \quad \Bigg\} \; B(2\,|-8)$$

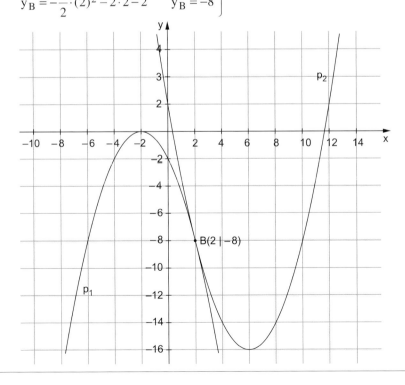

**108** a) $x^2 + 2x - 3 = 0 \quad | -2x + 3$

$\qquad\qquad x^2 = -2x + 3$

Zeichnen der Normalparabel p: $y = x^2$
und der Geraden g: $y = -2x + 3$.

Aus der Zeichnung liest man ab:
Nullstellen $x_1 = -3$; $x_2 = 1$

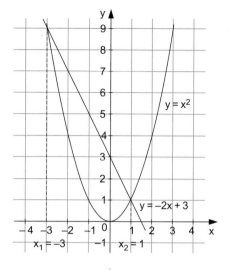

b) $x^2 - 4 = 0 \qquad | +4$

$\qquad x^2 = 4$

Zeichnen der Normalparabel p: $y = x^2$
und der Geraden g: $y = 4$.

Nullstellen $x_1 = -2$; $x_2 = 2$

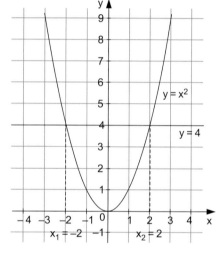

# 4   Lineares und exponentielles Wachstum

**109** a)   $y = 1\,000 \cdot \left(1 + \dfrac{4,5}{100}\right)^x$   x: Anzahl der Jahre

   $y = 1\,000 \cdot 1,045^x$   y: Guthaben nach x Jahren

   b)   $y = 1\,000 \cdot 1,045^{12}$
   $y = 1\,000 \cdot 1,6959$
   $y = 1\,696$

   Nach 12 Jahren ist das Anfangsguthaben von 1 000 € auf 1 696 € angewachsen.

   c)   Verdoppelung des Anfangskapitals:

   $2\,000\ € = 1\,000\ € \cdot 1,045^x$
   $2 = 1,045^x$

   Der Taschenrechner liefert für x = 15 den Wert 1,935 und für x = 16 den Wert 2,022, das heißt nach (etwa) 16 Jahren hat sich das Anfangskapital verdoppelt.

   d)   Wertetabelle:

| Jahre x | 0 | 1 | 2 | 3 | 4 | 5 | 6 | 7 | 8 | 9 |
|---|---|---|---|---|---|---|---|---|---|---|
| Guthaben in € y | 1 000 | 1 045 | 1 092 | 1 141 | 1 193 | 1 246 | 1 302 | 1 361 | 1 422 | 1 486 |

| Jahre x | 10 | 11 | 12 | 13 | 14 | 15 |
|---|---|---|---|---|---|---|
| Guthaben in € y | 1 553 | 1 623 | 1 696 | 1 772 | 1 852 | 1 935 |

*Hinweis:* Die Werte sind gegebenenfalls gerundet.

Graph:

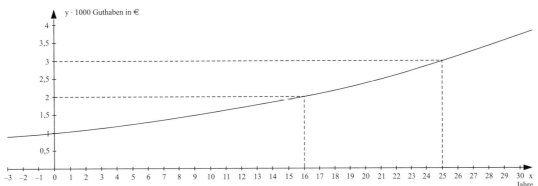

Verdoppelung:   nach 16 Jahren
Verdreifachung:   nach 25 Jahren

**110** a)

| Jahre | Werteverlust in % | Werte in € |
|---|---|---|
| 0 | 0 | 45 600 |
| 1 | 25 | $45\,600 - 45\,600 \cdot \dfrac{25}{100} = 34\,200$ |
| 2 | 10 | $34\,200 - 34\,200 \cdot \dfrac{10}{100} = 30\,780$ |
| 3 | 10 | $30\,780 - 30\,780 \cdot \dfrac{10}{100} = 27\,702$ |
| 4 | 10 | $27\,702 - 27\,702 \cdot \dfrac{10}{100} = 24\,932$ |

Restwert nach dem 1. Jahr: 34 200 €.

Funktion:  $y = 34\,200 \cdot \left(1 - \dfrac{10}{100}\right)^{x-1}$
   $y = 34\,200 \cdot 0,9^{x-1}$

   b)

| Jahre | 3 | 5 | 10 |
|---|---|---|---|
| Restwert in € | 27 702 | 22 439 | 13 250 |

**111** a) Zu Beginn der Beobachtung sind 500 Bakterien vorhanden. 500 ist der Anfangswert. Stündlich vermehren sich die Bakterien um 80 %. Die prozentuale Wachstumsrate beträgt 80 % und der Wachstumsfaktor $q = 1,8$.

b)
| Zeit in Stunden | 0 | 1 | 2 | 3 | 4 | 5 | 6 |
|---|---|---|---|---|---|---|---|
| Anzahl der Bakterien | 500 | 900 | 1 620 | 2 916 | 5 249 | 9 448 | 17 006 |

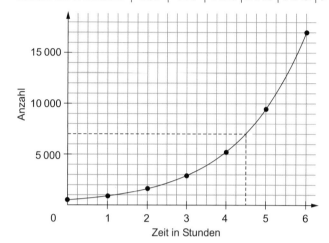

c) Nach etwa 4,5 Stunden sind 7 000 Bakterien vorhanden.

**112** a) Der Aufgabe kann man entnehmen, dass zum Anfang 800 Kernzerfälle pro Sekunde stattfinden. 15 Tage später sind es noch 100 Kernzerfälle pro Sekunde. Da sich die Anzahl der Kernzerfälle nach jeder Halbwertszeit halbiert, müssen nach einer Halbwertszeit 400 Kernzerfälle pro Sekunde stattfinden, nach einer weiteren Halbwertszeit 200 Kernzerfälle und nach der dritten Halbwertszeit 100 Kernzerfälle pro Sekunde. Diese Werte kann man bereits in eine Tabelle eintragen:

| Zeit in Tagen | **0** | | | **15** |
|---|---|---|---|---|
| Kernzerfälle pro Sekunde | **800** | 400 | 200 | **100** |

Da jede Halbwertszeit gleich lang ist, rechnet man $15 : 3 = 5$ und erhält eine Halbwertszeit von 5 Tagen.

b) Nach weiteren **zwei Halbwertszeiten** hat man 25 Kernzerfälle. Man kann die Tabelle weiter fortsetzen und erhält das Ergebnis. Nach insgesamt 25 Tagen werden 25 Kernzerfälle pro Sekunden gemessen.

| Zeit in Tagen | 0 | 5 | 10 | 15 | 20 | 25 |
|---|---|---|---|---|---|---|
| Kernzerfälle pro Sekunde | 800 | 400 | 200 | 100 | 50 | 25 |

c) Nach 60 Tagen hat sich die Anzahl der Kernzerfälle pro Sekunde insgesamt 12-mal halbiert (12 Halbwertszeiten, da $60 : 5 = 12$).

Anfangswert: $a = 800$
Abnahmefaktor: $q = 0,5$
12 Halbwertszeiten: $x = 12$
Rechnung: $y = 800 \cdot 0,5^{12}$
$\qquad\qquad y = 0,1953125$
$\qquad\qquad y \approx 0,195$

Nach 60 Tagen finden noch rund 0,195 Kernzerfälle pro Stunde statt.

$800 \mathrel{\hat{=}} 100 \%$

$1 \mathrel{\hat{=}} \dfrac{100}{800} \%$

$0,195 \mathrel{\hat{=}} \dfrac{0,195 \cdot 100}{800} \% \approx 0,0244 \%$

Nach 60 Tagen sind etwa 0,0244 % der Kerne noch nicht zerfallen.

# 5    Ähnlichkeit

**113**  $D_1 \sim D_2$        $\dfrac{a_1}{a_2} = 3$        $\dfrac{b_1}{b_2} = 3$        $\dfrac{c_1}{c_2} = 3$

$D_2$ und $D_3$        sind nicht ähnlich, da die Verhältnisse entsprechender Seitenlängen nicht den gleichen Wert (k) haben.

$D_4 \sim D_5$        $\alpha_4 = \beta_5$        $\beta_4 = \alpha_5$        $\gamma_4 = \gamma_5$

---

**114**  $\overline{A'B'} = k \cdot \overline{AB}$        $\overline{A'C'} = k \cdot \overline{AC}$        $\overline{B'C'} = k \cdot \overline{BC}$

$\overline{A'B'} = \dfrac{1}{2} \cdot 12\,\text{cm}$        $\overline{A'C'} = \dfrac{1}{2} \cdot 5\,\text{cm}$        $\overline{B'C'} = \dfrac{1}{2} \cdot 13\,\text{cm}$

$\overline{A'B'} = 6\,\text{cm}$        $\overline{A'C'} = 2,5\,\text{cm}$        $\overline{B'C'} = 6,5\,\text{cm}$

Dreieck ABC ist rechtwinklig, wobei der rechte Winkel bei A liegt: $\alpha = 90°$.

$A_{\Delta\,ABC} = \dfrac{1}{2} \cdot \overline{AB} \cdot \overline{AC}$

$A_{\Delta\,ABC} = \dfrac{1}{2} \cdot 12\,\text{cm} \cdot 5\,\text{cm}$

$A_{\Delta\,ABC} = 30\,\text{cm}^2$

$A_{\Delta\,A'B'C'} = k^2 \cdot A_{\Delta\,ABC}$

$A_{\Delta\,A'B'C'} = \dfrac{1}{4} \cdot 30\,\text{cm}^2$

$A_{\Delta\,A'B'C'} = 7,5\,\text{cm}^2$

---

**115**  Maßstab $1 : 200\,000$        1 cm Karte $\triangleq$ 200 000 cm Wirklichkeit        1 cm Karte $\triangleq$ 2 km

Maßstab $1 : 1\,000\,000$        1 cm Karte $\triangleq$ 1 000 000 cm Wirklichkeit        1 cm Karte $\triangleq$ 10 km

---

**116**  a)  $Z = A$;  $k = \dfrac{3}{2}$

$\overline{A'B'} = \dfrac{3}{2} \cdot \overline{AB}$        $\overline{A'C'} = \dfrac{3}{2} \cdot \overline{AC}$        $\overline{B'C'} = \dfrac{3}{2} \cdot \overline{BC}$

$\overline{A'B'} = 7,5\,\text{cm}$        $\overline{A'C'} = 6\,\text{cm}$        $\overline{B'C'} = 4,5\,\text{cm}$

Für Dreieck ABC gilt:
$\overline{AB}^2 = \overline{AC}^2 + \overline{BC}^2$
$(5\,\text{cm})^2 = (4\,\text{cm})^2 + (3\,\text{cm})^2$
$25\,\text{cm}^2 = 16\,\text{cm}^2 + 9\,\text{cm}^2$

Das Dreieck ABC ist somit nach dem Satz des Pythagoras (s. 7.1) bei C rechtwinklig.

Der Flächeninhalt des Dreiecks ist damit:

$A_{\Delta ABC} = \dfrac{1}{2} \cdot \overline{AC} \cdot \overline{BC}$

$A_{\Delta\,ABC} = \dfrac{1}{2} \cdot 4\,\text{cm} \cdot 3\,\text{cm}$

$A_{\Delta\,ABC} = 6\,\text{cm}^2$

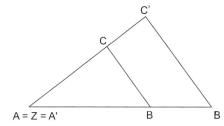

$$A_{\Delta\,A'B'C'} = \left(\frac{3}{2}\right)^2 \cdot 6\,\text{cm}^2$$

$$A_{\Delta\,A'B'C'} = 13,5\,\text{cm}^2$$

b) $Z = S;\ k = 3$

| | | | |
|---|---|---|---|
| $\overline{ZA'} = 3 \cdot \overline{ZA}$ | $\overline{A'B'} = 3 \cdot \overline{AB}$ | $\overline{A'C'} = 3 \cdot \overline{AC}$ | $\overline{B'C'} = 3 \cdot \overline{BC}$ |
| $\overline{ZB'} = 3 \cdot \overline{ZB}$ | $\overline{A'B'} = 3 \cdot 5\,\text{cm}$ | $\overline{A'C'} = 3 \cdot 4\,\text{cm}$ | $\overline{B'C'} = 3 \cdot 3\,\text{cm}$ |
| $\overline{ZC'} = 3 \cdot \overline{ZC}$ | $\overline{A'B'} = 15\,\text{cm}$ | $\overline{A'C'} = 12\,\text{cm}$ | $\overline{B'C'} = 9\,\text{cm}$ |

$$A_{\Delta\,A'B'C'} = 3^2 \cdot A_{\Delta\,ABC}$$

$$A_{\Delta\,A'B'C'} = 9 \cdot 6\,\text{cm}^2$$

$$A_{\Delta\,A'B'C'} = 54\,\text{cm}^2$$

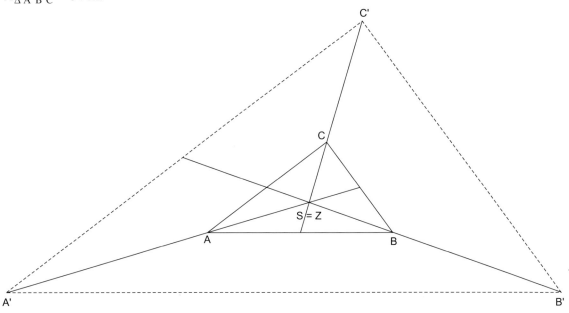

c) $Z$ ist ein beliebiger Punkt außerhalb des Dreiecks; $k = \dfrac{2}{3}$

| | | | |
|---|---|---|---|
| $\overline{ZA'} = \frac{2}{3} \cdot \overline{ZA}$ | $\overline{A'B'} = \frac{2}{3} \cdot 5\,\text{cm}$ | $\overline{A'C'} = \frac{2}{3} \cdot 4\,\text{cm}$ | $\overline{B'C'} = \frac{2}{3} \cdot 3\,\text{cm}$ |
| $\overline{ZB'} = \frac{2}{3} \cdot \overline{ZB}$ | $\overline{A'B'} \approx 3,3\,\text{cm}$ | $\overline{A'C'} \approx 2,7\,\text{cm}$ | $\overline{B'C'} = 2\,\text{cm}$ |
| $\overline{ZC'} = \frac{2}{3} \cdot \overline{ZC}$ | | | |

$$A_{\Delta\,A'B'C'} = \left(\frac{2}{3}\right)^2 \cdot 6\,\text{cm}^2$$

$$A_{\Delta\,A'B'C'} \approx 2,7\,\text{cm}^2$$

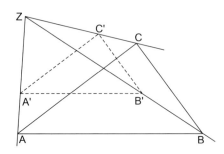

**117** a) Konstruktion:

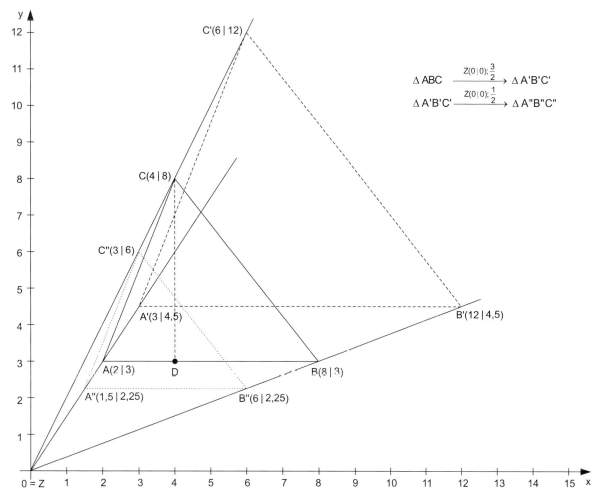

b) Dreieck ABC:

$\overline{AB} = (8-2)\ \text{cm}$

$\overline{AB} = 6\ \text{cm}$

Im Dreieck ABC ist die Höhe $\overline{CD} = (8-3)\ \text{cm} = 5\ \text{cm}.$

$A_{\triangle ABC} = \dfrac{1}{2} \cdot \overline{AB} \cdot \overline{CD}$

$A_{\triangle ABC} = \dfrac{1}{2} \cdot 6\ \text{cm} \cdot 5\ \text{cm}$

$A_{\triangle ABC} = 15\ \text{cm}^2$

Dreieck A'B'C':

$A_{\triangle A'B'C'} = k_1^2 \cdot A_{\triangle ABC}$

$A_{\triangle A'B'C'} = \dfrac{9}{4} \cdot 15\ \text{cm}^2$

$A_{\triangle A'B'C'} = 33,75\ \text{cm}^2$

Die Koordinaten der Punkte A', B' und C' erhält man, indem man die Koordinaten der Punkte A, B und C jeweils mit dem Faktor $k_1 = \frac{3}{2}$ multipliziert.

Dreieck A"B"C":

$$A_{\Delta A"B"C"} = k_2{}^2 \cdot A_{\Delta A'B'C'}$$

$$A_{\Delta A"B"C"} = \frac{1}{4} \cdot 33{,}75 \text{ cm}^2$$

$$A_{\Delta A"B"C"} \approx 8{,}44 \text{ cm}^2$$

Die Koordinaten der Punkte A", B" und C" erhält man, indem man die Koordinaten der Punkte A', B' und C' jeweils mit dem Faktor $k_2 = \frac{1}{2}$ multipliziert.

c) Bei jeweils gleichem Zentrum Z(0|0) wird $\Delta ABC$ durch eine Verkleinerung mit dem Faktor $k = k_1 \cdot k_2 = \frac{3}{2} \cdot \frac{1}{2} = \frac{3}{4}$ in das $\Delta A"B"C"$ übergeführt und umgekehrt $\Delta A"B"C"$ durch Vergrößerung mit dem Faktor $k' = \frac{1}{k} = \frac{4}{3}$ in das Ausgangsdreieck $\Delta ABC$ übergeführt.

**118** a) Konstruktion:

$a' = k \cdot a$
$a' = 2{,}5 \cdot 4 \text{ cm}$
$a' = 10 \text{ cm}$

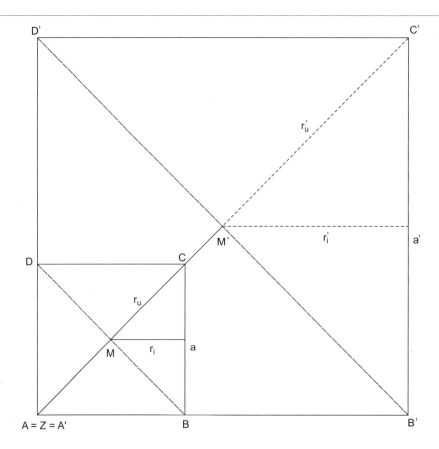

b) Inkreisradius $r_i'$:

$r_i' = \frac{1}{2} \cdot a'$      oder:     $r_i' = k \cdot r_i$

$r_i' = \frac{1}{2} \cdot 10 \text{ cm}$            $r_i' = 2{,}5 \cdot 2 \text{ cm}$

                            $r_i' = 5 \text{ cm}$

$r_i' = 5 \text{ cm}$

Umkreisradius $r_u'$:

$(r_u')^2 = \left(\frac{a'}{2}\right)^2 + \left(\frac{a'}{2}\right)^2$    oder:    $r_u{}^2 = \left(\frac{a}{2}\right)^2 + \left(\frac{a}{2}\right)^2$     $r_u' = k \cdot r_u$

$(r_u')^2 = (5 \text{ cm})^2 + (5 \text{ cm})^2$       $r_u{}^2 = (2 \text{ cm})^2 + (2 \text{ cm})^2$     $r_u' = 2{,}5 \cdot 2{,}83 \text{ cm}$

$(r_u')^2 = 50 \text{ cm}^2$                 $r_u{}^2 = 8 \text{ cm}^2$                $r_u' \approx 7{,}08 \text{ cm}$

    $r_u' \approx 7{,}07 \text{ cm}$              $r_u{}^2 \approx 2{,}83 \text{ cm}$

c) Ein Kreis K ist bestimmt durch seinen Mittelpunkt M und seinen Radius r: k(M; r). Durch eine maßstabsgetreue Streckung oder Stauchung mit dem Faktor k werden M auf M' und r auf r' abgebildet, wobei $\overline{ZM'} = k \cdot \overline{ZM}$ und $r' = k \cdot r$ ist. Das Bild des Kreises K(M; r) ist somit der Kreis K'(M'; r').

**119**  a) wahr      b) wahr      c) falsch      d) wahr (entspricht b)
     e) falsch      f) falsch      g) falsch

**120**  a) wahr      b) falsch      c) wahr      d) wahr
     e) wahr      f) wahr      g) falsch      h) wahr

**121**  a)

$$\frac{x}{\overline{BC}} = \frac{\overline{CD}}{\overline{CA}} \qquad\qquad \frac{y}{\overline{AB}} = \frac{\overline{CD}}{\overline{CA}}$$

$$x = \overline{BC} \cdot \frac{\overline{CD}}{\overline{CA}} \qquad\qquad y = \overline{AB} \cdot \frac{\overline{CD}}{\overline{CA}}$$

$$x = 7\,\text{cm} \cdot \frac{5\,\text{cm}}{9\,\text{cm}} \qquad\qquad y = 8\,\text{cm} \cdot \frac{5\,\text{cm}}{9\,\text{cm}}$$

$$x \approx 3,89\,\text{cm} \qquad\qquad y \approx 4,44\,\text{cm}$$

b)

$$\frac{\overline{BD}}{x} = \frac{\overline{BE}}{\overline{EC}}$$

$$\frac{(\overline{AB} - x)}{x} = \frac{\overline{BE}}{(\overline{BC} - \overline{BE})}$$

$$\frac{(10\,\text{cm} - x)}{x} = \frac{6\,\text{cm}}{(10\,\text{cm} - 6\,\text{cm})}$$

$$\frac{10\,\text{cm} - x}{x} = \frac{6\,\text{cm}}{4\,\text{cm}}$$

$$\frac{10\,\text{cm} - x}{x} = \frac{3}{2} \qquad |\cdot 2x$$

$$3x = 20\,\text{cm} - 2x \qquad |+2x$$

$$5x = 20\,\text{cm} \qquad |:5$$

$$x = 4\,\text{cm}$$

$$\frac{y}{\overline{AC}} = \frac{\overline{BD}}{\overline{AB}}$$

$$y = \overline{AC} \cdot \frac{\overline{BD}}{\overline{AB}}$$

$$y = 9\,\text{cm} \cdot \frac{6\,\text{cm}}{10\,\text{cm}} \qquad (\overline{BD} = \overline{AB} - x;\ \overline{BD} = 10\,\text{cm} - 4\,\text{cm})$$

$$y = 5,4\,\text{cm}$$

**122** a) $\dfrac{\overline{AD}}{\overline{AB}} = \dfrac{\overline{FD}}{\overline{BC}}$

$\dfrac{3\,\text{cm}}{8\,\text{cm}} = \dfrac{\overline{FD}}{9\,\text{cm}} \qquad |\cdot 9\,\text{cm}$

$\overline{FD} = 9\,\text{cm} \cdot \dfrac{3\,\text{cm}}{8\,\text{cm}}$

$\overline{FD} \approx 3,38\,\text{cm}$

Berechnung von $\overline{AF}$:

$$\dfrac{\overline{FD}}{\overline{BC}} = \dfrac{\overline{AF}}{\overline{AC}}$$

$\dfrac{3,38\,\text{cm}}{9\,\text{cm}} = \dfrac{\overline{AF}}{\overline{AF}+5,5\,\text{cm}} \qquad |\cdot 9\,\text{cm}\cdot(\overline{AF}+5,5\,\text{cm})$

$3,38\,\text{cm}\cdot(\overline{AF}+5,5\,\text{cm}) = \overline{AF}\cdot 9\,\text{cm}$

$3,38\,\text{cm}\cdot\overline{AF}+18,56\,\text{cm}^2 = 9\,\text{cm}\cdot\overline{AF} \qquad |-3,38\,\text{cm}\cdot\overline{AF}$

$18,56\,\text{cm}^2 = 5,62\,\text{cm}\cdot\overline{AF} \qquad |:5,62\,\text{cm}$

$\overline{AF} \approx 3,3\,\text{cm}$

Berechnung von $\overline{AC}$:

$\overline{AC} = \overline{AF}+\overline{FC}$

$\overline{AC} = 3,3\,\text{cm}+5,5\,\text{cm}$

$\overline{AC} = 8,8\,\text{cm}$

Berechnung von $\overline{EB}$:

$$\dfrac{\overline{FC}}{\overline{AC}} = \dfrac{\overline{CE}}{\overline{CB}}$$

$\dfrac{5,5\,\text{cm}}{8,8\,\text{cm}} = \dfrac{9\,\text{cm}-\overline{EB}}{9\,\text{cm}} \qquad |\cdot 8,8\,\text{cm}\cdot 9\,\text{cm}$

$5,5\,\text{cm}\cdot 9\,\text{cm} = (9\,\text{cm}-\overline{EB})\cdot 8,8\,\text{cm}$

$49,5\,\text{cm}^2 = 79,2\,\text{cm}^2 - 8,8\,\text{cm}\cdot\overline{EB} \qquad |-79,2\,\text{cm}^2$

$-29,7\,\text{cm}^2 = -8,8\,\text{cm}\cdot\overline{EB} \qquad |:(-8,8\,\text{cm})$

$\overline{EB} \approx 3,38\,\text{cm}$

Berechnung von $\overline{CE}$:

$\overline{CE} = \overline{CB}-\overline{EB}$

$\overline{CE} = 9\,\text{cm}-3,38\,\text{cm}$

$\overline{CE} = 5,62\,\text{cm}$

Berechnung von $\overline{FE}$:

$\dfrac{\overline{FE}}{\overline{AB}} = \dfrac{\overline{FC}}{\overline{AC}}$

$\dfrac{\overline{FE}}{8\,\text{cm}} = \dfrac{5,5\,\text{cm}}{8,8\,\text{cm}} \qquad |\cdot 8\,\text{cm}$

$\overline{FE} = 8\,\text{cm}\cdot\dfrac{5,5\,\text{cm}}{8,8\,\text{cm}}$

$\overline{FE} = 5\,\text{cm}$

Berechnung von $\overline{BG}$:

$$\frac{\overline{BG}}{\overline{AB}} = \frac{\overline{BE}}{\overline{BC}}$$

$$\frac{\overline{BG}}{8\,\text{cm}} = \frac{3,38\,\text{cm}}{9\,\text{cm}} \qquad |\cdot 8\,\text{cm}$$

$$\overline{BG} = 8\,\text{cm} \cdot \frac{3,38\,\text{cm}}{9\,\text{cm}}$$

$$\overline{BG} \approx 3,0\,\text{cm}$$

Berechnung von $\overline{DG}$:

$$\overline{DG} = \overline{AB} - \overline{AD} - \overline{GB}$$

$$\overline{DG} = 8\,\text{cm} - 3\,\text{cm} - 3\,\text{cm}$$

$$\overline{DG} = 2\,\text{cm}$$

Berechnung von $\overline{EG}$:

$$\frac{\overline{EG}}{\overline{AC}} = \frac{\overline{BG}}{\overline{AB}}$$

$$\frac{\overline{EG}}{8,8\,\text{cm}} = \frac{3\,\text{cm}}{8\,\text{cm}} \qquad |\cdot 8,8\,\text{cm}$$

$$\overline{EG} = 8,8\,\text{cm} \cdot \frac{3\,\text{cm}}{8\,\text{cm}}$$

$$\overline{EG} = 3,3\,\text{cm}$$

**123**  Vierstreckensatz:

$$\frac{0,65\,\text{m}}{40\,\text{m}} = \frac{1,0\,\text{m}}{h} \qquad |\cdot h \cdot 40\,\text{m} \qquad |:0,65\,\text{m}$$

$$h = \frac{40\,\text{m} \cdot 1,0\,\text{m}}{0,65\,\text{m}}$$

$$h \approx 61,54\,\text{m}$$

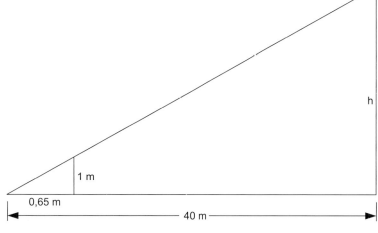

Abbildung nicht maßstabsgetreu

# 6 Sätze am rechtwinkligen Dreieck

**124** Die angegebenen Maße sollen jeweils Längeneinheiten (LE) sein.

| | a) | b) | c) | d) | e) | f) | g) | h) |
|---|---|---|---|---|---|---|---|---|
| a | 1,3 | **40** | 62,4 | **5,9** | 5 | 8,83 | **12,8** | **6** |
| b | 3,12 | 30 | **26** | 3,17 | **12** | 9,54 | **6,6** | 5,37 |
| c | **3,38** | 50 | 67,6 | **6,7** | **13** | 13 | 14,40 | 8,05 |
| p | 0,50 | **32** | 57,6 | 5,2 | 1,92 | **6** | 11,38 | 4,47 |
| q | **2,88** | 18 | **10** | 1,5 | 11,08 | **7** | 3,02 | 3,58 |
| h | 1,2 | 24 | 24 | 2,79 | 4,61 | 6,48 | 5,87 | **4** |

*Hinweis:*
Die Werte sind
ggf. gerundet.

**125** a) Satz des Pythagoras in Teildreieck ADC:

$\overline{AD}^2 + \overline{DC}^2 = \overline{AC}^2$

$\overline{AD}^2 = (10\,\text{cm})^2 - (8\,\text{cm})^2$

$\overline{AD}^2 = 36\,\text{cm}^2$

$\overline{AD} = 6\,\text{cm}$

$\overline{AB} = \overline{AD} + \overline{DB}$

$\overline{AB} = 6\,\text{cm} + 12\,\text{cm}$

$\overline{AB} = 18\,\text{cm}$

Satz des Pythagoras in Teildreieck DBC:

$\overline{BC}^2 = \overline{CD}^2 + \overline{DB}^2$

$\overline{BC}^2 = (8\,\text{cm})^2 + (12\,\text{cm})^2$

$\overline{BC}^2 = 208\,\text{cm}^2$

$\overline{BC} \approx 14,42\,\text{cm}$

b) $\triangle$ABC ist rechtwinklig genau dann, wenn der Satz des Pythagoras gilt:

$a^2 + b^2 = c^2$

$208\,\text{cm}^2 + 100\,\text{cm}^2 = 324\,\text{cm}^2$  falsch

Dreieck ABC ist nicht rechtwinklig.

Man kann sich auf die Beziehung $a^2 + b^2 = c^2$ beschränken, da c die größte Dreiecksseite ist und dieser in einem Dreieck der größte Winkel gegenüberliegt.

**126** Die Raumdiagonale [BH] ist Hypothenuse im rechtwinkligen Dreieck DBH.
Katheten dieses Dreiecks sind die Würfelkante [DH] und die Diagonale [DB] des Grundflächenquadrats ABCD.

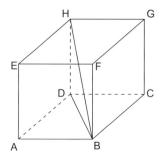

a) Diagonale [DB]:

$\overline{DB}^2 = a^2 + a^2$

$\overline{DB}^2 = 2a^2$

$\overline{DB} = a\sqrt{2}$

Raumdiagonale [BH]:

$$\overline{BH}^2 = \overline{DB}^2 + \overline{DH}^2$$
$$\overline{BH}^2 = 2a^2 + a^2$$
$$\overline{BH}^2 = 3a^2$$
$$\overline{BH} = a\sqrt{3}$$

b)  a = 10 cm     $\overline{DB} = 10\sqrt{2}$ cm     $\overline{BH} = 10\sqrt{3}$ cm

$\overline{DB} \approx 14,14$ cm     $\overline{BH} \approx 17,32$ cm

---

**127**  Gilt in einem Dreieck ABC der Höhensatz,
so ist das Dreieck rechtwinklig.

Höhensatz:

$$\overline{DC}^2 = \overline{AD} \cdot \overline{DB} \qquad (\overline{DC} = 6 \text{ LE}; \overline{AD} = 4 \text{ LE}; \overline{DB} = 9 \text{ LE})$$

$$36 \text{ LE}^2 = 4 \text{ LE} \cdot 9 \text{ LE}$$

Diese Aussage ist wahr.

Also ist $\triangle$ ABC bei C rechtwinklig.

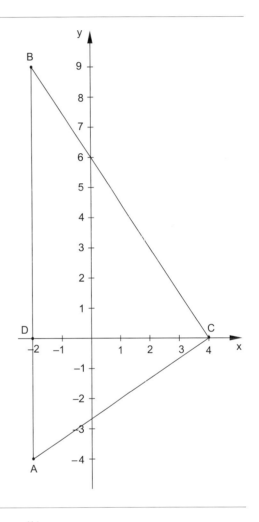

Länge der Dreiecksseiten:

$$\overline{AB} = \overline{AD} + \overline{DB}$$
$$\overline{AB} = 13 \text{ LE}$$

$$\overline{AC}^2 = \overline{AD}^2 + \overline{DC}^2$$
$$\overline{AC}^2 = (4 \text{ LE})^2 + (6 \text{ LE})^2$$
$$\overline{AC} \approx 7,21 \text{ LE}$$

$$\overline{AB}^2 = \overline{AC}^2 + \overline{BC}^2$$
$$\overline{BC}^2 = \overline{AB}^2 - \overline{AC}^2$$
$$\overline{BC}^2 = (13 \text{ LE})^2 - (7,21 \text{ LE})^2$$
$$\overline{BC} \approx 10,82 \text{ LE}$$

---

**128**  Koordinaten der Punkte A und B:

$$B(0|y): \quad y = -\frac{3}{2} \cdot 0 + 12 \qquad y = 12$$
$$B(0|12)$$

$$A(x|0): \quad 0 = -\frac{3}{2} \cdot x + 12 \quad \Big| +\frac{3}{2}x \quad \Big| \frac{2}{3}$$
$$x = 8$$
$$A(8|0)$$

$$\overline{OA} = 8 \text{ LE}$$
$$\overline{OB} = 12 \text{ LE}$$

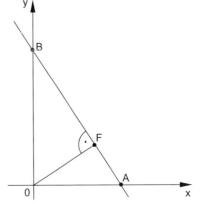

$$\overline{AB}^2 = \overline{OA}^2 + \overline{OB}^2 \qquad \text{Satz des Pythagoras im Dreieck OAB}$$

$$\overline{AB}^2 = (8\,\text{LE})^2 + (12\,\text{LE})^2$$

$$\overline{AB}^2 = 208\,\text{LE}^2$$

$$\overline{AB} \approx 14,42\,\text{LE}$$

Im rechtwinkligen Dreieck OAB sind [AF] und [BF] die Hypothenusenabschnitte und [OF] die Höhe.

$$\overline{OA}^2 = \overline{AF} \cdot \overline{AB} \qquad \text{Kathetensatz im Dreieck OAB}$$

$$\overline{AF} = \frac{\overline{OA}^2}{\overline{AB}}$$

$$\overline{AF} = \frac{(8\,\text{LE})^2}{14,42\,\text{LE}}$$

$$\overline{AF} \approx 4,44\,\text{LE}$$

$$\overline{OB}^2 = \overline{BF} \cdot \overline{AB} \qquad \text{Kathetensatz im Dreieck OAB}$$

$$\overline{BF} = \frac{\overline{OB}^2}{\overline{AB}}$$

$$\overline{BF} = \frac{(12\,\text{LE})^2}{14,42\,\text{LE}}$$

$$\overline{BF} \approx 9,98\,\text{LE}$$

$$\overline{OF}^2 = \overline{AF} \cdot \overline{BF}$$

$$\overline{OF}^2 = 4,44\,\text{LE} \cdot 9,98\,\text{LE}$$

$$\overline{OF} \approx 6,66\,\text{LE}$$

Flächeninhalt:

$$A_{\triangle ABC} = \frac{1}{2} \cdot \overline{OA} \cdot \overline{OB}$$

$$A_{\triangle ABC} = \frac{1}{2} \cdot 8\,\text{LE} \cdot 12\,\text{LE}$$

$$A_{\triangle ABC} = 48\,\text{FE}$$

---

**129** Da das Maß des Winkels $\sphericalangle BS_2S_1 = 60°$ beträgt, ist das Dreieck $BS_2S_3$ gleichseitig. Die Seitenlänge ist $\overline{S_2S_3} = 2s = 90\,\text{m}$.
In diesem Dreieck ist die Höhe [$BS_1$] die gesuchte Breite b
des Flusses.

$$\overline{S_2B}^2 = \overline{S_1S_2}^2 + \overline{S_1B}^2 \qquad \text{Satz des Pythagoras im Dreieck } S_1BS_2$$

$$(2s)^2 = s^2 + b^2$$

$$b^2 = 4s^2 - s^2$$

$$b^2 = 3\,s^2$$

$$b = s \cdot \sqrt{3}$$

Mit s = 45 m:

$$b = 45\,\text{m} \cdot \sqrt{3}$$

$$b \approx 77,94\,\text{m}$$

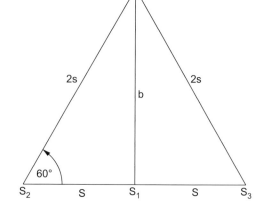

**130** Die Tangente $[PB_1]$ steht auf dem Radius $[MB_1]$ senkrecht. Das Dreieck $MPB_1$ ist bei $B_1$ rechtwinklig.

a) $\overline{MP}^2 = \overline{PB_1}^2 + \overline{MB_1}^2$

$\overline{MP}^2 = (8\,\text{cm})^2 + (6\,\text{cm})^2$

$\overline{MP}^2 = 100\,\text{cm}^2$

$\overline{MP} = 10\,\text{cm}$

b) Im Dreieck $MPB_1$ ist $[AB_1]$ die Höhe auf die Hypothenuse $[MP]$ und $[MA]$ ein Hypothenusenabschnitt.

$\overline{MB_1}^2 = \overline{MA} \cdot \overline{MP}$        Kathetensatz im Dreieck $MPB_1$

$\overline{MA} = \dfrac{\overline{MB_1}^2}{\overline{MP}}$

$\overline{MA} = \dfrac{(6\,\text{cm})^2}{10\,\text{cm}}$

$\overline{MA} = 3{,}6\,\text{cm}$

$\overline{AP} = \overline{MP} - \overline{MA}$

$\overline{AP} = 10\,\text{cm} - 3{,}6\,\text{cm}$

$\overline{AP} = 6{,}4\,\text{cm}$

$\overline{AB_1}^2 = \overline{MA} \cdot \overline{AP}$        Höhensatz im Dreieck $MPB_1$

$\overline{AB_1}^2 = 3{,}6\,\text{cm} \cdot 6{,}4\,\text{cm}$

$\overline{AB_1}^2 = 23{,}04\,\text{cm}^2$

$\overline{AB_1} = 4{,}8\,\text{cm}$

Länge der Kreissehne:

$\overline{B_1B_2} = 2 \cdot \overline{AB_1}$

$\overline{B_1B_2} = 9{,}6\,\text{cm}$

# 7  Trigonometrie

**131**  Wir geben die Werte auf jeweils 5 Nachkommastellen an.

a)  $\sin 22,5° \approx 0,38268$       $\cos 22,5° \approx 0,92388$       $\tan 22,5° \approx 0,41421$

b)  $\sin 173° \approx 0,12187$       $\cos 173° \approx -0,99255$       $\tan 173° \approx -0,12278$

c)  $\sin 225° \approx -0,70711$       $\cos 225° \approx -0,70711$       $\tan 225° = 1$

d)  $\sin 263° \approx -0,99255$       $\cos 263° \approx -0,12187$       $\tan 263° \approx 8,14435$

e)  $\sin 90° = 1$       $\cos 90° = 0$       $\tan 90°$ nicht definiert

f)  $\sin 180° = 0$       $\cos 180° = -1$       $\tan 180° = 0$

g)  $\sin 360° = 0$       $\cos 360° = 1$       $\tan 360° = 0$

h)  $\sin 270° = -1$       $\cos 270° = 0$       $\tan 270°$ nicht definiert

---

**132**  a)  $\sin \varphi = 0,25$       $\varphi \approx 14,48°$  oder  $\varphi \approx 165,52°$

b)  $\sin \varphi = -0,25$       $\varphi \approx 194,48°$  oder  $\varphi \approx 345,52°$

c)  $\sin \varphi = 0,75$       $\varphi \approx 48,59°$  oder  $\varphi \approx 131,41°$

d)  $\cos \varphi = 0,25$       $\varphi \approx 75,52°$  oder  $\varphi \approx 284,48°$

e)  $\cos \varphi = -0,25$       $\varphi \approx 104,48°$  oder  $\varphi \approx 255,52°$

f)  $\cos \varphi = 0,75$       $\varphi \approx 41,41°$  oder  $\varphi \approx 318,59°$

g)  $\tan \varphi = -1$       $\varphi = 135°$  oder  $\varphi = 315°$

h)  $\tan \varphi = 2$       $\varphi \approx 63,43°$  oder  $\varphi \approx 243,43°$

i)  $\tan \varphi = 0,5$       $\varphi \approx 26,57°$  oder  $\varphi \approx 206,57°$

---

**133**  $c^2 = a^2 + b^2$
$a^2 = c^2 - b^2$
$a^2 = (12\,\text{cm})^2 - (7\,\text{cm})^2$
$a^2 = 95\,\text{cm}^2$
$a \approx 9,75\,\text{cm}$

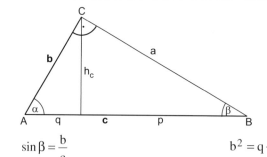

$\cos \alpha = \dfrac{b}{c}$

$\cos \alpha = \dfrac{7\,\text{cm}}{12\,\text{cm}}$

$\cos \alpha \approx 0,583333$

$\alpha \approx 54,31°$

$\sin \beta = \dfrac{b}{c}$

$\sin \beta = \dfrac{7\,\text{cm}}{12\,\text{cm}}$

$\sin \beta \approx 0,583333$

$\beta \approx 35,69°$

$b^2 = q \cdot c$       (Kathetensatz)

$q = \dfrac{b^2}{c}$

$q = \dfrac{(7\,\text{cm})^2}{12\,\text{cm}}$

$q \approx 4,08\,\text{cm}$

$a^2 = p \cdot c \qquad \text{(Kathetensatz)}$

$p = \dfrac{a^2}{c}$

$p = \dfrac{(9,75\,\text{cm})^2}{12\,\text{cm}}$

$p \approx 7,92\,\text{cm}$

$h_c^2 = p \cdot q \qquad \text{(Höhensatz)}$

$h_c^2 = 7,92\,\text{cm} \cdot 4,08\,\text{cm}$

$h_c^2 \approx 32,31\,\text{cm}^2$

$h_c \approx 5,68\,\text{cm}$

$A = \dfrac{1}{2} \cdot a \cdot b$

$A = \dfrac{1}{2} \cdot 7\,\text{cm} \cdot 9,75\,\text{cm}$

$A \approx 34,11\,\text{cm}^2$

**134**  Mittelpunktswinkel:

$\varphi = \dfrac{360°}{8}$

$\varphi = 45°$

Dreieck ADM:

$\sin \dfrac{\varphi}{2} = \dfrac{\overline{AD}}{\overline{AM}}$

$\sin \dfrac{\varphi}{2} = \dfrac{\overline{AD}}{r} \quad | \cdot r$

$\overline{AD} = r \cdot \sin \dfrac{\varphi}{2}$

$\overline{AD} = 12\,\text{cm} \cdot \sin 22,5°$

$\overline{AD} \approx 4,59\,\text{cm}$

Seitenlänge des Achtecks:

$s_8 = 2 \cdot \overline{AD}$

$s_8 = 9,18\,\text{cm}$

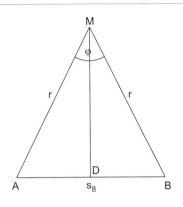

**135**  Dreieck ADC:

$\sin \alpha = \dfrac{h_c}{b} \quad | \cdot b$

$h_c = b \cdot \sin \alpha$

$h_c = 7\,\text{cm} \cdot \sin 48°$

$h_c \approx 5,20\,\text{cm}$

$\cos \alpha = \dfrac{\overline{AD}}{b} \quad | \cdot b$

$\overline{AD} = b \cdot \cos \alpha$

$\overline{AD} = 7\,\text{cm} \cdot \cos 48°$

$\overline{AD} \approx 4,68\,\text{cm}$

Dreieck DBC:

$\sin \beta = \dfrac{h_c}{a}$

$\sin \beta = \dfrac{5,20\,\text{cm}}{10,5\,\text{cm}}$

$\sin \beta \approx 0,49524$

$\beta \approx 29,69°$

$\cos \beta = \dfrac{\overline{DB}}{a} \quad | \cdot a$

$\overline{DB} = a \cdot \cos \beta$

$\overline{DB} = 10,5\,\text{cm} \cdot \cos 29,69°$

$\overline{DB} \approx 9,12\,\text{cm}$

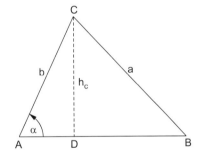

$c = \overline{AD} + \overline{DB}$

$c = 4,68\,\text{cm} + 9,12\,\text{cm}$

$c = 13,8\,\text{cm}$

---

**136**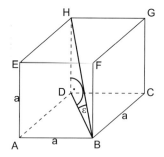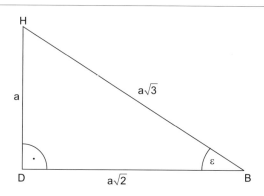

Dreieck DBH:

$\sin\varepsilon = \dfrac{\overline{DH}}{\overline{BH}}$

$\sin\varepsilon = \dfrac{a}{a\sqrt{3}}$

$\sin\varepsilon = \dfrac{1}{\sqrt{3}}$

$\sin\varepsilon = \dfrac{\sqrt{3}}{\sqrt{3}\cdot\sqrt{3}}$      Nenner rational machen

$\sin\varepsilon = \dfrac{\sqrt{3}}{3}$

$\sin\varepsilon \approx 0,57735$

$\varepsilon \approx 35,26°$

(oder: $\cos\varepsilon = \dfrac{a\sqrt{2}}{a\sqrt{3}}$     oder: $\tan\varepsilon = \dfrac{a}{a\sqrt{2}}$ )

Das Ergebnis ist unabhängig von der Kantenlänge a des Würfels. Für jeden Würfel hat der Neigungswinkel der Raumdiagonale gegen die Grundfläche das gleiche Maß: $\varepsilon = 35,26°$.

---

**137** Dreieck ADC:

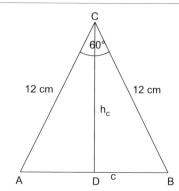

$\sin 30° = \dfrac{\overline{AD}}{\overline{AC}}$    $\big| \cdot \overline{AC}$

$\overline{AD} = \overline{AC}\cdot\sin 30°$

$\overline{AD} = 12\,\text{cm}\cdot\sin 30°$

$\overline{AD} = 6\,\text{cm}$

$\cos 30° = \dfrac{h_c}{\overline{AC}}$    $\big| \cdot \overline{AC}$

$h_c = \overline{AC}\cdot\cos 30°$

$h_c = 12\,\text{cm}\cdot\cos 30°$

$h_c \approx 10,39\,\text{cm}$

$c = 2 \cdot \overline{AD}$

$c = 2 \cdot 6$ cm

$c = 12$ cm

Dreieck ABC ist gleichseitig.

$A = \dfrac{1}{2} \cdot c \cdot h_c$

$A = \dfrac{1}{2} \cdot 12 \text{ cm} \cdot 10,39 \text{ cm}$

$A = 62,34 \text{ cm}^2$

---

**138**  a)  Höhe H des Turms:

Dreieck ABS:

$\tan \varphi = \dfrac{\overline{SB}}{\overline{AB}}$

$\tan \varphi = \dfrac{\overline{SB}}{50 \text{ m}} \quad | \cdot 50 \text{ m}$

$\overline{SB} = 50 \text{ m} \cdot \tan 66,1°$

$\overline{SB} \approx 112,83 \text{ m}$

$H = \overline{SB} + 1,50 \text{ m}$

$H = 114,3 \text{ m}$

$H \approx 114 \text{ m}$

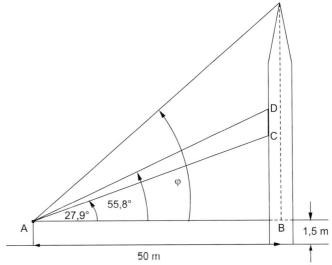

b)  Höhe der ersten Aussichtsebene:

$h = \overline{BC} + 1,5 \text{ m}$

$\overline{BC}$ berechnen wir aus dem rechtwinkligen Dreieck ABC.

Dreieck ABC:

$\tan 27,9° = \dfrac{\overline{BC}}{\overline{AB}} \quad | \cdot \overline{AB}$

$\overline{BC} = \overline{AB} \cdot \tan 27,9°$

$\overline{BC} = 50 \text{ m} \cdot \tan 27,9°$

$\overline{BC} \approx 26,5 \text{ m}$

$h = 26,5 \text{ m} + 1,5 \text{ m}$

$h = 28 \text{ m}$

c)  Höhe der dritten Aussichtsebene:

$\overline{CD} = \overline{BD} - \overline{BC}$

$\overline{BD}$ berechnen wir aus dem rechtwinkligen Dreieck ABD.

Dreieck ABD:

$\tan 55,8° = \dfrac{\overline{BD}}{\overline{AB}} \quad | \cdot \overline{AB}$

$\overline{BD} = \overline{AB} \cdot \tan 55,8°$

$\overline{BD} = 50 \text{ m} \cdot \tan 55,8°$

$\overline{BD} \approx 73,6 \text{ m}$

Abstand zwischen erster und dritter Aussichtsebene:

$\overline{CD} = 73,6 \text{ m} - 26,5 \text{ m} = 47,1 \text{ m}$

**139** a) Flächeninhalt der Dreiecke BCP:

$$A = \frac{1}{2} \cdot \overline{BC} \cdot \overline{MP}$$

Dreieck MPQ:

$$\sin \varphi = \frac{b}{\overline{MP}} \quad \mid \cdot \overline{MP} \quad \mid : \sin \varphi$$

$$\overline{MP} = \frac{b}{\sin \varphi}$$

$$\overline{MP} = \frac{10 \text{ cm}}{\sin \varphi}$$

Flächeninhalt:

$$A = \frac{1}{2} \cdot 12 \text{ cm} \cdot \frac{10 \text{ cm}}{\sin \varphi}$$

$$A(\varphi) = \frac{60}{\sin \varphi} \text{ cm}^2$$

b)

$$A = 75 \text{ cm}^2$$

$$\frac{60 \text{ cm}^2}{\sin \varphi} = 75 \text{ cm}^2 \quad \mid \cdot \sin \varphi \quad \mid : 75 \text{ cm}^2$$

$$\sin \varphi = \frac{60 \text{ cm}^2}{75 \text{ cm}^2}$$

$$\sin \varphi = 0,8$$

$$\varphi \approx 53,13°$$

Für $\varphi = 53,13°$ beträgt der Flächeninhalt des zugehörigen Dreiecks BCP 75 cm².

c) $P \in [SR]$: $\quad \varphi_{max} = 90°$ $\qquad$ P fällt mit R zusammen.

$\qquad\qquad\quad \varphi_{min} = 32°$ $\qquad$ P fällt mit S zusammen.

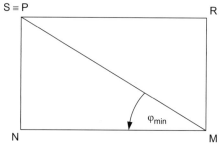

$$\tan \varphi_{min} = \frac{b}{a}$$

$$\tan \varphi_{min} = \frac{10 \text{ cm}}{16 \text{ cm}}$$

$$\tan \varphi_{min} = 0,625$$

$$\varphi_{min} \approx 32°$$

Bereich für $\varphi$: $32° \leq \varphi \leq 90°$

d) Flächeninhalt der Dreiecke BCP, wenn $P \in [NS]$:

$$A = \frac{1}{2} \cdot \overline{BC} \cdot \overline{PM}$$

Dreieck NMP:

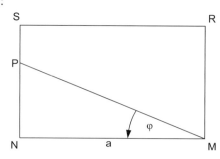

$$\cos \varphi = \frac{a}{\overline{MP}} \quad \mid \cdot \overline{MP} \quad \mid : \cos \varphi$$

$$\overline{MP} = \frac{a}{\cos \varphi}$$

$$\overline{MP} = \frac{16 \text{ cm}}{\cos \varphi}$$

Flächeninhalt:

$$A = \frac{1}{2} \cdot 12 \text{ cm} \cdot \frac{16 \text{ cm}}{\cos \varphi}$$

$$A(\varphi) = \frac{96}{\cos \varphi} \text{ cm}^2$$

e) Da die Grundlinie $\overline{BC} = 12$ cm = c der Dreiecke konstant ist, wird der Flächeninhalt maximal, wenn die Dreieckshöhe $\overline{PM}$ am größten wird. $\overline{PM}$ ist am größten, wenn P mit S zusammenfällt. Für diesen Fall ist $\varphi = 32°$ (s. Teilaufgabe c).

$\varphi = 32°$:

$$A_{max} = \frac{60}{\sin 32°} \, cm^2$$

$$A_{max} \approx 113 \, cm^2$$

oder:

$$A_{max} = \frac{96}{\cos 32°} \, cm^2$$

$$A_{max} \approx 113 \, cm^2$$

---

**140**  Steigungsdreieck: $\Delta y = 1$ LE und $\Delta x = 2$ LE

Winkel zwischen Gerade und x-Achse:

$$\tan \alpha = \frac{\Delta y}{\Delta x}$$

$$\tan \alpha = \frac{1 \, LE}{2 \, LE}$$

$$\tan \alpha = 0,5$$
$$\alpha \approx 26,57°$$

Winkel zwischen Gerade und y-Achse:
$$\beta - 180° - 90° - \alpha$$
$$\beta = 63,43°$$

oder:

$$\tan \beta = \frac{2 \, LE}{1 \, LE}$$

$$\tan \beta = 2$$
$$\beta \approx 63,43°$$

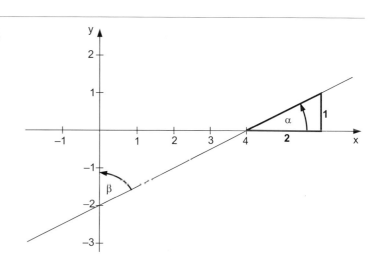

---

**141**  Dreieck QAB:

$$\tan \beta = \frac{\overline{QA}}{s} \quad | \cdot s$$

$$\overline{QA} = s \cdot \tan \beta$$

$$\overline{QA} = 125 \, m \cdot \tan 63°$$

$$\overline{QA} \approx 245,33 \, m$$

$$x = \overline{PA} - \overline{QA}$$
$$x = 708,91 \, m - 245,33 \, m$$
$$x = 463,58 \, m$$

Dreieck PAB:

$$\tan \alpha = \frac{\overline{PA}}{s} \quad | \cdot s$$

$$\overline{PA} = s \cdot \tan \alpha$$

$$\overline{PA} = 125 \, m \cdot \tan 80°$$

$$\overline{PA} \approx 708,91 \, m$$

**142** Maßzahl des Winkel α:

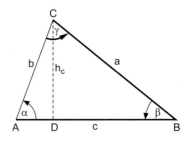

$$\frac{a}{\sin \alpha} = \frac{c}{\sin \gamma} \qquad \text{Sinussatz } \triangle ABC$$

$$c \cdot \sin \alpha = a \cdot \sin \gamma$$

$$\sin \alpha = \frac{a}{c} \cdot \sin \gamma$$

$$\sin \alpha = \frac{27,5 \text{ cm}}{36 \text{ cm}} \cdot \sin 42°$$

$$\alpha \approx 30,74°$$

Maßzahl des Winkels β:

$$\beta = 180° - \gamma - \alpha$$
$$\beta = 180° - 42° - 30,74°$$
$$\beta = 107,26°$$

Länge der Seite b:

$$b^2 = a^2 + c^2 - 2 \cdot a \cdot c \cdot \cos \beta \qquad \text{Kosinussatz in } \triangle ABC$$

$$b^2 = (27,5 \text{ cm})^2 + (36 \text{ cm})^2 - 2 \cdot 27,5 \text{ cm} \cdot 36 \text{ cm} \cdot \cos 107,26°$$

$$b^2 \approx 2\,639,73 \text{ cm}^2 \qquad \cos \beta \text{ ist für } \beta = 107,26° \text{ negativ, sodass der Term } -2ac \cdot \cos \beta \text{ positiv wird.}$$

$$b \approx 51,38 \text{ cm}$$

Höhe $h_c$:

$$\sin \alpha = \frac{h_c}{b} \qquad \triangle ABC$$

$$h_c = b \cdot \sin \alpha$$
$$h_c = 51,38 \text{ cm} \cdot \sin 30,74°$$
$$h_c \approx 26,26 \text{ cm}$$

Flächeninhalt von $\triangle ABC$:

$$A = \frac{1}{2} h_c \cdot c$$

$$A = \frac{1}{2} \cdot 26,26 \text{ cm} \cdot 36 \text{ cm}$$

$$A = 472,68 \text{ cm}^2$$

oder:

$$A = \frac{1}{2} \cdot a \cdot b \cdot \sin \gamma$$

$$A = \frac{1}{2} \cdot 27,5 \text{ cm} \cdot 51,38 \text{ cm} \cdot \sin 42°$$

$$A \approx 472,72 \text{ cm}^2$$

**143** Wir berechnen zunächst $\beta_1$:

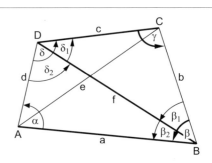

$$\frac{c}{\sin \beta_1} = \frac{f}{\sin \gamma} \qquad \text{Sinussatz } \triangle BCD$$

$$f \cdot \sin \beta_1 = c \cdot \sin \gamma$$

$$\sin \beta_1 = \frac{c}{f} \cdot \sin \gamma$$

$$\sin \beta_1 = \frac{21 \text{ cm}}{45 \text{ cm}} \cdot \sin 95°$$

$$\beta_1 \approx 27,70°$$

Winkelmaß $\delta_1$:

$\delta_1 = 180° - \gamma - \beta_1$

$\delta_1 = 180° - 95° - 27,70°$

$\delta_1 = 57,30°$

Seitenlänge b:

$b^2 = c^2 + f^2 - 2 \cdot c \cdot f \cdot \cos\delta_1$      Kosinussatz in $\triangle BCD$

$b^2 = (21\,\text{cm})^2 + (45\,\text{cm})^2 - 2 \cdot 21\,\text{cm} \cdot 45\,\text{cm} \cdot \cos 57,30°$

$b^2 \approx 1\,444,95\,\text{cm}^2$

$b \approx 38,01\,\text{cm}$

oder:

$\dfrac{b}{\sin\delta_1} = \dfrac{c}{\sin\beta_1}$      Sinussatz $\triangle BCD$

$b = \dfrac{\sin\delta_1}{\sin\beta_1} \cdot c$

$b = \dfrac{\sin 57,30°}{\sin 27,70°} \cdot 21\,\text{cm}$

$b \approx 38,02\,\text{cm}$

Winkelmaß $\beta_2$:

$\beta_2 = \beta - \beta_1$

$\beta_2 = 65° - 27,70°$

$\beta_2 = 37,30°$

Länge der Diagonalen e:

$e^2 = a^2 + b^2 - 2 \cdot a \cdot b \cdot \cos\beta$      Kosinussatz in $\triangle ABC$

$e^2 = (36\,\text{cm})^2 + (38,01\,\text{cm})^2 - 2 \cdot 36\,\text{cm} \cdot 38,01\,\text{cm} \cdot \cos 65°$

$e^2 \approx 1\,584,17\,\text{cm}^2$

$e \approx 39,80\,\text{cm}$

Seitenlänge d:

$d^2 = a^2 + f^2 - 2 \cdot a \cdot f \cdot \cos\beta_2$      Kosinussatz in $\triangle ABD$

$d^2 = (36\,\text{cm})^2 + (45\,\text{cm})^2 - 2 \cdot 36\,\text{cm} \cdot 45\,\text{cm} \cdot \cos 37,30°$

$d^2 \approx 743,67\,\text{cm}^2$

$d \approx 27,27\,\text{cm}$

Winkelmaß $\alpha$:

$\dfrac{f}{\sin\alpha} = \dfrac{d}{\sin\beta_2}$      Sinussatz $\triangle ABC$

$d \cdot \sin\alpha = f \cdot \sin\beta_2$

$\sin\alpha = \dfrac{f}{d} \cdot \sin\beta_2$

$\sin\alpha = \dfrac{45\,\text{cm}}{27,27\,\text{cm}} \cdot \sin 37,30°$

$\alpha \approx 89,65°$

Winkelmaß $\delta_2$:

$$\frac{a}{\sin \delta_2} = \frac{f}{\sin \alpha} \qquad \text{Sinussatz } \triangle ABD$$

$$f \cdot \sin \delta_2 = a \cdot \sin \alpha$$

$$\sin \delta_2 = \frac{a}{f} \cdot \sin \alpha$$

$$\sin \delta_2 = \frac{36\,\text{cm}}{45\,\text{cm}} \cdot \sin 89{,}65°$$

$$\delta_2 = 53{,}13°$$

Winkelmaß $\delta$:

$$\delta = \delta_1 + \delta_2$$

$$\delta = 57{,}30° + 53{,}13°$$

$$\delta \approx 110{,}43°$$

Flächeninhalt des Vierecks ABCD:

$$A = A_{\triangle ABC} + A_{\triangle ACD}$$

$$A = \frac{1}{2} \cdot a \cdot b \cdot \sin \beta + \frac{1}{2} \cdot c \cdot d \cdot \sin \delta$$

$$A = \frac{1}{2} \cdot 36\,\text{cm} \cdot 38{,}02\,\text{cm} \cdot \sin 65° + \frac{1}{2} \cdot 21\,\text{cm} \cdot 27{,}27\,\text{cm} \cdot \sin 110{,}43°$$

$$A \approx 888{,}40\,\text{cm}^2$$

---

**144** Aus den Eigenschaften eines Parallelogramms folgt:

$$c = a = 12\,\text{cm}$$

$$d = b = 9\,\text{cm}$$

$$\gamma = \alpha = 48°$$

$$2\beta = 360° - 2\alpha \qquad |:2$$

$$\beta = 180° - \alpha$$

$$\beta = 180° - 48°$$

$$\beta = 132° = \delta$$

Länge der Diagonalen f:

$$f^2 = a^2 + d^2 - 2 \cdot a \cdot d \cdot \cos \alpha \qquad \text{Kosinussatz in } \triangle ABD$$

$$f^2 = (12\,\text{cm})^2 + (9\,\text{cm})^2 - 2 \cdot 12\,\text{cm} \cdot 9\,\text{cm} \cdot \cos 48°$$

$$f^2 \approx 80{,}46\,\text{cm}^2$$

$$f \approx 8{,}97\,\text{cm}$$

Länge der Diagonalen e:

$$e^2 = a^2 + b^2 - 2 \cdot a \cdot b \cdot \cos \beta \qquad \text{Kosinussatz in } \triangle ABC$$

$$e^2 = (12\,\text{cm})^2 + (9\,\text{cm})^2 - 2 \cdot 12\,\text{cm} \cdot 9\,\text{cm} \cdot \cos 132°$$

$$e^2 \approx 369{,}53\,\text{cm}^2$$

$$e \approx 19{,}22\,\text{cm}$$

Flächeninhalt des Parallelogramms ABCD:

$$A = 2 \cdot A_{\triangle ABC}$$

$$A = 2 \cdot \frac{1}{2} \cdot a \cdot b \cdot \sin \beta$$

$$A = 2 \cdot \frac{1}{2} \cdot 12\,\text{cm} \cdot 9\,\text{cm} \cdot \sin 132°$$

$$A \approx 80{,}26\,\text{cm}^2$$

oder:

$A = h \cdot a$

$\sin \alpha = \dfrac{h}{d}$ $\qquad \triangle AED$

$\qquad h = d \cdot \sin \alpha$

$\qquad h = 9 \text{ cm} \cdot \sin 48°$

$\qquad h \approx 6,69 \text{ cm}$

$A = 6,69 \text{ cm} \cdot 12 \text{ cm}$

$A = 80,26 \text{ cm}^2$

---

**145**

| Winkelmaß | 15° | 75° | 150° | 225° | 315° | −60° | −135° | 65° | 128° | 234° | 310° | 348° |
|---|---|---|---|---|---|---|---|---|---|---|---|---|
| Bogenmaß | 0,26 | 1,31 | 2,62 | 3,93 | 5,50 | −1,05 | −2,36 | 1,13 | 2,23 | 4,08 | 5,41 | 6,07 |

*Hinweis:* Die Werte sind gegebenenfalls gerundet.

---

**146**

| Bogenmaß | 0,45 | 0,80 | 1 | 1,5 | 1,85 | 2 | 2,75 | 3 |
|---|---|---|---|---|---|---|---|---|
| Winkelmaß | 25,8° | 45,8° | 57,3° | 85,9° | 106° | 114,6° | 157,6° | 171,9° |

*Hinweis:* Die Werte sind ggf. gerundet.

| Bogenmaß | 3,6 | 4,25 | 5 | 5,48 | 6 | 6,15 | 6,2 |
|---|---|---|---|---|---|---|---|
| Winkelmaß | 206,3° | 243,5° | 286,5° | 314° | 343,8° | 352,4° | 355,2° |

---

**147** Zeichne für den angegebenen Bereich $\left[-\dfrac{\pi}{2}; +\dfrac{5}{2}\pi\right]$ bzw. $[-90°; +450°]$ die Grafen der Sinus-, Kosinus- und Tangensfunktion und lies am Grafen ab, für welche Winkel die jeweils angegebenen Werte angenommen werden. Überprüfe deine Ergebnisse dann mit dem Taschenrechner. *Hinweis:* Die Werte sind ggf. gerundet.

a) 48,6°        131,4°        408,6°

b) −14,5°        194,5°        345,5°

c) −41,4°        41,4°        318,6°        401,4°

d) 104,5°        255,5°

e) 56,3°        236,3°        416,3°

f) 71,6°        251,6°        431,6°

---

**148**
a) $30° < \varphi < 150°$

b) $0° \le \varphi \le 30°$     und $150° \le \varphi \le 210°$     und $330° \le \varphi \le 360°$

c) $30° < \varphi < 330°$

d) $60° \le \varphi \le 90°$     und $240° \le \varphi < 270°$

---

**149** a)    $\tan \dfrac{\pi}{3} \approx 1,73$             $\tan \dfrac{\pi}{4} = 1$

$\tan\left(\dfrac{\pi}{3} + \pi\right) = \tan \dfrac{4}{3}\pi \approx 1,73$     $\tan\left(\dfrac{\pi}{4} + \pi\right) = \tan \dfrac{5}{4}\pi = 1$

b)   $\sin\left(\dfrac{\pi}{3} + 2\pi\right) = \sin \dfrac{7}{3}\pi \approx 0,87$     $\sin\left(\dfrac{\pi}{2} + 2\pi\right) = \sin \dfrac{5}{2}\pi = 1$

$\sin \dfrac{\pi}{3} \approx 0,87$                 $\sin \dfrac{\pi}{2} = 1$

c) $\cos\left(-\dfrac{\pi}{3}\right) = 0{,}5$  $\qquad\qquad$  $\cos\left(-\dfrac{\pi}{4}\right) \approx 0{,}71$

$\qquad$ $\cos\dfrac{\pi}{3} = 0{,}5$ $\qquad\qquad\qquad$ $\cos\dfrac{\pi}{4} \approx 0{,}71$

d) $\sin\left(\dfrac{\pi}{2} - \dfrac{\pi}{3}\right) = \sin\dfrac{\pi}{6} = 0{,}5$ $\qquad$ $\sin\left(\dfrac{\pi}{2} - \dfrac{\pi}{4}\right) = \sin\dfrac{\pi}{4} \approx 0{,}71$

$\qquad\quad$ $\cos\dfrac{\pi}{3} = 0{,}5$ $\qquad\qquad\qquad$ $\cos\dfrac{\pi}{4} \approx 0{,}71$

Aus den Graphen der trigonometrischen Funktionen kannst du die Gültigkeit der angegebenen Beziehungen jeweils direkt ablesen.

---

**150** Bei den trigonometrischen Funktionen wiederholen sich die Funktionswerte nach einem bestimmten Winkel- und Bogenmaß-Intervall, wir sagen nach einer Periode, exakt wieder.

Bei der Sinus- und Kosinusfunktion beträgt dieses Intervall bzw. diese Periode 360° oder $2\pi$, bei der Tangensfunktion 180° oder $\pi$.

# 8 Kreis

**151** a) Der Kreis mit dem Radius r ist Umkreis des gleichseitigen Dreiecks mit der Seitenlänge a.

Der Umkreisradius eines gleichseitigen Dreiecks ist: $\qquad r = \dfrac{2}{3}\cdot\dfrac{a}{2}\cdot\sqrt{3}$

Wir lösen die Beziehung nach der gesuchten Größe a auf: $\qquad \dfrac{3r}{\sqrt{3}} = a$

Rationalmachen des Nenners; Bruch mit $\sqrt{3}$ erweitern: $\qquad a = \dfrac{3\sqrt{3}r}{\sqrt{3}\cdot\sqrt{3}}$

$\qquad\qquad\qquad$ Allgemein: $\qquad a = r\sqrt{3}$

$\qquad\qquad\qquad$ Mit $r = 6$ cm: $\qquad a = 6\sqrt{3}$ cm

b) Verhältnis der Flächeninhalte:

$\dfrac{A_{\text{Kreis}}}{A_{\text{Dreieck}}} = \dfrac{r^2\pi}{\dfrac{a^2}{4}\sqrt{3}}$

$\dfrac{A_{\text{Kreis}}}{A_{\text{Dreieck}}} = \dfrac{r^2\pi}{\dfrac{(r\sqrt{3})^2}{4}\sqrt{3}}$

$\dfrac{A_{\text{Kreis}}}{A_{\text{Dreieck}}} = \dfrac{4\cdot r^2\cdot\pi}{r^2\cdot 3\cdot\sqrt{3}}$

$\dfrac{A_{\text{Kreis}}}{A_{\text{Dreieck}}} = \dfrac{4\pi}{3\sqrt{3}}$

$\dfrac{A_{\text{Kreis}}}{A_{\text{Dreieck}}} = \dfrac{4}{9}\sqrt{3}\pi$

c) Verhältnis der Flächeninhalte von Umkreis und Inkreis:

$$\frac{A_{Umkreis}}{A_{Inkreis}} = \frac{\left(\frac{2}{3} \cdot \frac{a}{2} \cdot \sqrt{3}\right)^2 \pi}{\left(\frac{1}{3} \cdot \frac{a}{2} \cdot \sqrt{3}\right)^2 \pi} = \frac{4}{1}$$

Verhältnis der Umfänge von Umkreis und Inkreis:

$$\frac{u_{Umkreis}}{u_{Inkreis}} = \frac{2 \cdot r_u \cdot \pi}{2 \cdot r_i \cdot \pi}$$

$$\frac{u_{Umkreis}}{u_{Inkreis}} = \frac{2 \cdot \frac{2}{3} \cdot \frac{a}{2} \cdot \sqrt{3} \cdot \pi}{2 \cdot \frac{1}{3} \cdot \frac{a}{2} \cdot \sqrt{3} \cdot \pi}$$

$$\frac{u_{Umkreis}}{u_{Inkreis}} = \frac{2}{1}$$

**152** Fußball:

$$u_{alt} = 2 \cdot r \cdot \pi$$
$$u_{alt} = 2 \cdot 11\,cm \cdot \pi$$
$$u_{alt} = 22\pi\,cm$$

$$\left. \begin{array}{l} u_{neu} = 2 \cdot (11\,cm + d) \cdot \pi \\ u_{neu} = u_{alt} + 100\,cm \\ u_{neu} = 22\pi\,cm + 100\,cm \end{array} \right\}$$

$$2 \cdot (11\,cm + d) \cdot \pi = 22\pi\,cm + 100\,cm$$
$$22\pi\,cm + 2\pi d = 22\pi\,cm + 100\,cm$$
$$2\pi d = 100\,cm \qquad |:2\pi$$
$$d = \frac{100\,cm}{2\pi}$$
$$d \approx 15,92\,cm$$

Erde:

$$2 \cdot (6\,370\,km + d) \cdot \pi = 2 \cdot 6\,370\,km \cdot \pi + 1\,m$$
$$12\,740\pi\,km + 2\pi d = 12\,740\pi\,km + 1\,m$$
$$2\pi d = 1\,m \qquad |:2\pi$$
$$d \approx 15,92\,cm$$

Der Abstand d ist unabhängig von der Größe, d. h. vom Radius des kugelförmigen Körpers. Dies kann man allgemein auch folgendermaßen zeigen:

$$\left. \begin{array}{l} u_{neu} = 2 \cdot (r + d) \cdot \pi \\ u_{neu} = u_{alt} + 1\,m = 2r\pi + 1\,m \end{array} \right\}$$

$$2 \cdot (r + d) \cdot \pi = 2r\pi + 1\,m$$
$$2r\pi + 2\pi d = 2r\pi + 1\,m$$
$$2\pi d = 1\,m \qquad |:2\pi$$
$$d = \frac{1\,m}{2\pi}$$
$$d \approx 15,92\,cm$$

**153**  $A_{Ring} = A_{Umkreis} - A_{Inkreis}$

$A_{Ring} = r_u^2 \pi - r_i^2 \pi$

$A_{Ring} = (r_u^2 - r_i^2)\pi$

$A_{Ring} = \left[ \left( \dfrac{2}{3} \cdot \dfrac{a}{2} \cdot \sqrt{3} \right)^2 - \left( \dfrac{1}{3} \cdot \dfrac{a}{2} \cdot \sqrt{3} \right)^2 \right] \cdot \pi$

$A_{Ring} = \left( \dfrac{4}{9} \cdot \dfrac{a^2}{4} \cdot 3 - \dfrac{1}{9} \cdot \dfrac{a^2}{4} \cdot 3 \right) \cdot \pi$

$A_{Ring} = \dfrac{a^2}{4} \cdot 3 \cdot \left( \dfrac{4}{9} - \dfrac{1}{9} \right) \cdot \pi$

$A_{Ring} = \dfrac{3}{9} \cdot \dfrac{a^2}{4} \cdot 3 \cdot \pi$

$A_{Ring} = \dfrac{a^2}{4} \cdot \pi$

---

**154**  Geschwindigkeit v ist der Quotient aus Weg s und Zeit t: $v = \frac{s}{t}$

Dabei ist der von einem Punkt auf dem Äquator im Laufe eines Tages zurückgelegte Weg der Erdumfang.

$v = \dfrac{u_{Erde}}{1\,d}$

$v = \dfrac{2 \cdot R_{Erde} \cdot \pi}{24\,h}$

$v = \dfrac{2 \cdot 6\,370\,km \cdot \pi}{24\,h}$

$v \approx 1\,668 \dfrac{km}{h}$

(zum Vergleich: Die Schallgeschwindigkeit beträgt etwa $1\,220 \frac{km}{h}$.)

---

**155**  a)  $b = 2\pi r \cdot \dfrac{\varphi}{360°}$

$\quad b = 2\pi \cdot 25\,cm \cdot \dfrac{75°}{360°}$

$\quad b \approx 32,72\,cm$

b)  $b = 2\pi r \cdot \dfrac{\varphi}{360°}$

$\quad b = 2\pi \cdot 12\,cm \cdot \dfrac{120°}{360°}$

$\quad b = 8\pi\,cm\ (\approx 25,13\,cm)$

$u = b + 2r$

$u = 25,13\,cm + 2 \cdot 12\,cm$

$u = 49,13\,cm$

$A = r^2 \pi \dfrac{\varphi}{360°}$

$A = (12\,cm)^2 \pi \dfrac{120°}{360°}$

$A = 48\pi\,cm^2\ (\approx 150,80\,cm^2)$

c)  Radius des Kreises: r
Seitenlänge des einbeschriebenen Quadrats:

$a^2 + a^2 = (2r)^2 \qquad$ (Satz des Pythagoras)

$\qquad 2a^2 = 4r^2$

$\qquad a^2 = 2r^2$

$\qquad a = r\sqrt{2}$

$$A_{Sektor} = r^2 \cdot \pi \cdot \frac{\varphi}{360°} = (r\sqrt{2})^2 = A_{Quadrat}$$

$$r^2 \cdot \pi \cdot \frac{\varphi}{360°} = 2r^2 \qquad |:r^2 \qquad | \cdot \frac{360°}{\pi}$$

$$\varphi = \frac{720°}{\pi}$$

$$\varphi \approx 229{,}18°$$

**156** $s = v \cdot t$

$s = 1\,668\,\frac{km}{h} \cdot 1\,h$  (s. Aufgabe 160)

$s = 1\,668\,km$

**157** Wir betrachten ein Viertelquadrat mit der Seitenlänge $\frac{a}{2}$ und ein Blatt der eingefärbten Fläche.

$$A_{Blatt} = 2 \cdot (A_{Sektor\ ABD} - A_{Dreieck\ ABD})$$

Radius des Kreissektors: $\frac{a}{2}$

Mittelpunktswinkel des Sektors: $90°$

Flächeninhalt der Figur:

$$A_{Blatt} = 2 \cdot \left[ \left(\frac{a}{2}\right)^2 \cdot \pi \cdot \frac{90°}{360°} - \frac{1}{2} \cdot \frac{a}{2} \cdot \frac{a}{2} \right] FE$$

$$A_{Blatt} = 2 \cdot \left( \frac{a^2}{4} \cdot \pi \cdot \frac{1}{4} - \frac{a^2}{8} \right) FE$$

$$A_{Blatt} = 2 \cdot \left( \frac{a^2 \cdot \pi}{16} - \frac{a^2}{8} \right) FE$$

$$A_{Blatt} = 2 \cdot \frac{a^2}{8} \cdot \left( \frac{\pi}{2} - 1 \right) FE$$

Gesamter Flächeninhalt:

$A = 4 \cdot A_{Blatt}$

$$A = 4 \cdot 2 \cdot \frac{a^2}{8} \cdot \left( \frac{\pi}{2} - 1 \right) FE$$

$$A = a^2 \cdot \left( \frac{\pi}{2} - 1 \right) FE$$

Für $a = 8\,cm$:

$$A = (8\,cm)^2 \cdot \left( \frac{\pi}{2} - 1 \right) FE$$

$$A \approx 36{,}53\,cm^2$$

Umfang der Figur:
Der Umfang u besteht aus 8 Viertelkreisbögen mit dem Radius $r = \frac{a}{2}$.

$$u = 8 \cdot 2 \cdot \pi \cdot r \cdot \frac{\varphi}{360°}$$

$$u = 8 \cdot 2 \cdot \pi \cdot \frac{a}{2} \cdot \frac{90°}{360°}$$

$$u = 2\pi a$$

Für $a = 8\,\text{cm}$:

$u = 2\pi \cdot 8\,\text{cm}$

$u = 16\pi\,\text{cm}$

$u \approx 50{,}27\,\text{cm}$

---

**158** Flächeninhalt eines Möndchens: $A = A_{\text{Halbkreis}} - (A_{\text{Sektor}} - A_{\text{Dreieck}})$

Flächeninhalt beider Möndchen zusammen:

$$A = \frac{1}{2} \cdot \left(\frac{b}{2}\right)^2 \cdot \pi - \left(\left(\frac{c}{2}\right)^2 \pi \frac{\varphi_b}{360°} - A_{\triangle ADC}\right) + \frac{1}{2} \cdot \left(\frac{a}{2}\right)^2 \cdot \pi - \left(\left(\frac{c}{2}\right)^2 \pi \frac{\varphi_a}{360°} - A_{\triangle DBC}\right)$$

$$A = b^2 \cdot \frac{\pi}{8} - \frac{c^2 \cdot \pi}{4} \cdot \frac{\varphi_b}{360°} + A_{\triangle ADC} + a^2 \cdot \frac{\pi}{8} - \frac{c^2 \cdot \pi}{4} \cdot \frac{\varphi_a}{360°} + A_{\triangle DBC}$$

$$A = a^2 \cdot \frac{\pi}{8} + b^2 \cdot \frac{\pi}{8} - \frac{c^2 \cdot \pi}{4}\left(\frac{\varphi_b}{360°} + \frac{\varphi_a}{360°}\right) + \underbrace{(A_{\triangle ADC} + A_{\triangle DBC})}$$

$$A = a^2 \cdot \frac{\pi}{8} + b^2 \cdot \frac{\pi}{8} - \frac{c^2 \cdot \pi}{4} \cdot \frac{\varphi_b + \varphi_a}{360°} \qquad + \qquad A_{\triangle ABC}$$

$$A = a^2 \cdot \frac{\pi}{8} + b^2 \cdot \frac{\pi}{8} - \frac{c^2 \cdot \pi}{4} \cdot \frac{1}{2} + \frac{1}{2} \cdot a \cdot b$$

$$A = a^2 \cdot \frac{\pi}{8} + b^2 \cdot \frac{\pi}{8} - c^2 \cdot \frac{\pi}{8} \qquad + \qquad \frac{1}{2} \cdot a \cdot b$$

$$A = \frac{\pi}{8} \cdot \underbrace{(a^2 + b^2 - c^2)}_{= 0} + \frac{1}{2} \cdot a \cdot b \qquad \text{Satz des Pythagoras:} \quad \begin{aligned} a^2 + b^2 &= c^2 \quad |-c^2 \\ a^2 + b^2 - c^2 &= 0 \end{aligned}$$

$$A = \frac{\pi}{8} \cdot 0 + \frac{1}{2} \cdot a \cdot b$$

$$A = \frac{1}{2} \cdot a \cdot b$$

Da die Fläche des rechtwinkligen Dreiecks ABC ebenfalls $\frac{1}{2} \cdot a \cdot b$ ist, ist die Behauptung bewiesen.

# 9 Körper

**159** a)  $\varphi = 45°$   $q = \dfrac{1}{2}$   $[AB] \in s$

$\overline{BC}_{\text{Zeich.}} = \dfrac{1}{2} \cdot \overline{BC}_{\text{wahr}}$

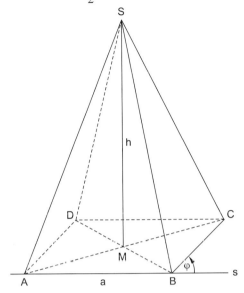

(Zeichnungsmaßstab 1 : 2)

b)  $\varphi = 30°$   $q = \dfrac{1}{3}$   $[DC] \in s$

$\overline{BC}_{\text{Zeich.}} = \dfrac{1}{3} \cdot \overline{BC}_{\text{wahr}}$

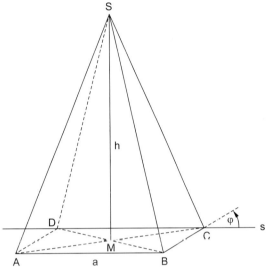

(Zeichnungsmaßstab 1 : 2)

c)  $\varphi = 45°$   $q = \dfrac{2}{3}$   $[AB] \in s$

$\overline{BC}_{\text{Zeich.}} = \dfrac{2}{3} \cdot \overline{BC}_{\text{wahr}}$

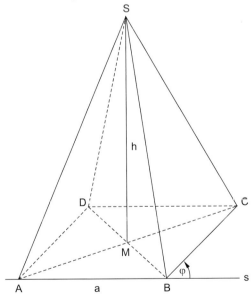

(Zeichnungsmaßstab 1 : 2)

**160** $\overline{AB} = 8\,\text{cm}$        in wahrer Länge

Höhe $h_c$ des Dreiecks ABC:

$h_c^2 = \overline{BC}^2 - \left(\dfrac{\overline{AB}}{2}\right)^2$

$h_c^2 = (10\,\text{cm})^2 - (4\,\text{cm})^2$

$h_c^2 = 84\,\text{cm}^2$

$h_c \approx 9{,}17\,\text{cm}$

$h_{c\,\text{Zeichnung}} = \dfrac{1}{2} \cdot h_c$     verkürzt

$\overline{AD} = 10\,\text{cm}$        in wahrer Länge

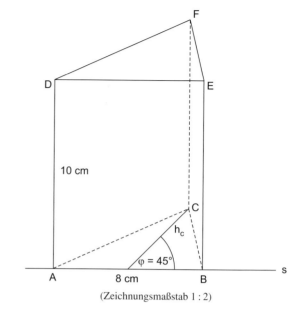

(Zeichnungsmaßstab 1 : 2)

**161** $\overline{MA} = 4\,\text{cm} \; (= r)$        in wahrer Länge

$\overline{MB}_{\text{Zeich}} = \dfrac{1}{2} \cdot \overline{MB}_{\text{wahr}} = \dfrac{1}{2} \cdot r$    verkürzt

$\overline{MN} = 8\,\text{cm} \; (= h)$        in wahrer Länge

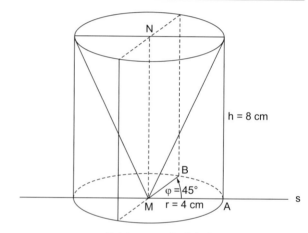

(Zeichnungsmaßstab 1 : 2)

**162** $V = 4\,\text{cm} \cdot 5\,\text{cm} \cdot b$

$V = 20\,\text{cm}^2 \cdot b$

$O = 2 \cdot 4\,\text{cm} \cdot b + 2 \cdot 5\,\text{cm} \cdot b + 2 \cdot 4\,\text{cm} \cdot 5\,\text{cm}$

$O = 8\,\text{cm} \cdot b + 10\,\text{cm} \cdot b + 40\,\text{cm}^2$

$O = 18\,\text{cm} \cdot b + 40\,\text{cm}^2$

$O = 184\,\text{cm}^2 \Rightarrow 18\,\text{cm} \cdot b + 40\,\text{cm}^2 = 184\,\text{cm}^2$    $\big| -40\,\text{cm}^2$

                         $18\,\text{cm} \cdot b = 144\,\text{cm}^2$    $\big| :18\,\text{cm}$

                               $b = 8\,\text{cm}$

$V = 20\,\text{cm}^2 \cdot 8\,\text{cm}$

$V = 160\,\text{cm}^3$

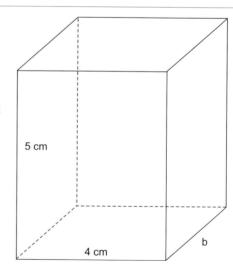

**163** Volumen:

$V = G \cdot h$

$V = \dfrac{1}{2} \cdot 6\,\text{cm} \cdot 8\,\text{cm} \cdot 6\,\text{cm}$

$V = 144\,\text{cm}^3$

(Das Dreieck ist wegen $10^2 = 6^2 + 8^2$ rechtwinklig.)

Oberfläche:

$O = 2 \cdot G + A_1 + A_2 + A_3$

$O = 2 \cdot \dfrac{1}{2} \cdot 6\,\text{cm} \cdot 8\,\text{cm} + 6\,\text{cm} \cdot 6\,\text{cm} + 8\,\text{cm} \cdot 6\,\text{cm} + 10\,\text{cm} \cdot 6\,\text{cm}$

$O = 48\,\text{cm}^2 + 36\,\text{cm}^2 + 48\,\text{cm}^2 + 60\,\text{cm}^2$

$O = 192\,\text{cm}^2$

($A_1$, $A_2$, $A_3$ sind die Inhalte der 3 Seitenflächen)

**164** Ein regelmäßiges Sechseck (Grundfläche) besteht aus sechs gleichseitigen Dreiecken mit der Seitenlänge $s = r$ ($= 5\,\text{cm}$). $r$ ist dabei der Umkreisradius des Sechsecks.

Grundfläche:

$G = 6 \cdot \dfrac{s^2}{4} \cdot \sqrt{3}$

$G = \dfrac{3}{2} \cdot (5\,\text{cm})^2 \cdot \sqrt{3}$

$G \approx 64,95\,\text{cm}^2$

Flächeninhalt eines gleichseitigen Dreiecks mit Seitenlänge s: $A = \dfrac{s^2}{4} \cdot \sqrt{3}$

Volumen des Prismas:

$V = G \cdot h$

$V = 64,95\,\text{cm}^2 \cdot 10\,\text{cm}$

$V = 649,5\,\text{cm}^3$

Mantelfläche:

$M = 6 \cdot A_{\text{Rechteck}}$

$M = 6 \cdot s \cdot h$

$M = 6 \cdot 5\,\text{cm} \cdot 10\,\text{cm}$

$M = 300\,\text{cm}^2$

Die Seitenflächen sind Rechtecke mit den Seitenlängen s und h.

Oberfläche:

$O = 2 \cdot G + M$

$O = 2 \cdot 64,95\,\text{cm}^2 + 300\,\text{cm}^2$

$O = 429,9\,\text{cm}^2$

**165** Grundfläche:

$G = \dfrac{a+c}{2} \cdot h_T$

$G = \dfrac{8\,\text{cm} + 4,5\,\text{cm}}{2} \cdot 4,5\,\text{cm}$

$G = 28,125\,\text{cm}^2$

Volumen:

$V = G \cdot h$

$V = 28,125\,\text{cm}^2 \cdot 6\,\text{cm}$

$V = 168,75\,\text{cm}^3$

Mantelfläche:

$M = a \cdot h + b \cdot h + c \cdot h + d \cdot h$

$M = h\,(a + b + c + d)$

Die Seitenlängen b und d sind gleich. Wir müssen sie aber zunächst berechnen:

$2x = a - c$

$x = \dfrac{a - c}{2}$

$x = \dfrac{8\,\text{cm} - 4,5\,\text{cm}}{2}$

$x = 1,75\,\text{cm}$

$d^2 = h^2 + x^2$      Satz des Pythagoras im schraffierten,
$d^2 = (4,5\,\text{cm})^2 + (1,75\,\text{cm})^2$    rechtwinkligen Dreieck
$d^2 = 20,25\,\text{cm}^2 + 3,06\,\text{cm}^2$
$d^2 = 23,31\,\text{cm}^2$
$d \approx 4,83\,\text{cm} \;(= b)$
$M = h \cdot (a + b + c + d)$
$M = 6\,\text{cm} \cdot (8\,\text{cm} + 4,83\,\text{cm} + 4,5\,\text{cm} + 4,83\,\text{cm})$
$M = 132,96\,\text{cm}^2$

Oberfläche:
$O = 2 \cdot G + M$
$O = 2 \cdot 28,125\,\text{cm}^2 + 132,96\,\text{cm}^2$
$O = 189,21\,\text{cm}^2$

---

**166**   a)   Seitenfläche 1:                              Seitenfläche 2:

$a \cdot h = 256\,\text{cm}^2$                                      $b \cdot h = 128\,\text{cm}^2$
$16\,\text{cm} \cdot a = 256\,\text{cm}^2$                          $16\,\text{cm} \cdot a = 128\,\text{cm}^2$
$a = 16\,\text{cm}$                                          $b = 8\,\text{cm}$

Volumen:                                         Oberfläche:
$V = a \cdot b \cdot h$                         $O = 2 \cdot G + 2 \cdot \text{Seitenfläche 1} + 2 \cdot \text{Seitenfläche 2}$
$V = 16\,\text{cm} \cdot 8\,\text{cm} \cdot 16\,\text{cm}$      $O = 2 \cdot 16\,\text{cm} \cdot 8\,\text{cm} + 2 \cdot 256\,\text{cm}^2 + 2 \cdot 128\,\text{cm}^2$
$V = 2\,048\,\text{cm}^3$                   $O = 1\,024\,\text{cm}^2$

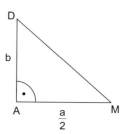

b)   Grundfläche des abgeschnittenen Prismas ist das rechtwinklige Dreieck AMD mit den Seitenlänge $\frac{a}{2}$ und $\overline{AD} = b$.

Grundfläche:

$G = \dfrac{1}{2} \cdot \dfrac{a}{2} \cdot b$

$G = \dfrac{1}{2} \cdot 8\,\text{cm} \cdot 8\,\text{cm}$

$G = 32\,\text{cm}^2$

Volumen des Prismas:
$V = G \cdot h$
$V = 32\,\text{cm}^2 \cdot 16\,\text{cm}$
$V = 512\,\text{cm}^3$

Oberfläche des Prismas:
Die Oberfläche des abgeschnittenen Prismas besteht aus Grund-und Deckfläche sowie den drei Seitenflächen (Rechtecken) mit den Flächeninhalten $\overline{AM} \cdot h$, $\overline{AD} \cdot h$ und $\overline{MD} \cdot h$.
Die Seitenlänge $\overline{MD}$ müssen wir zuerst berechnen:

$\overline{MD}^2 = \left(\dfrac{a}{2}\right)^2 + b^2$

$\overline{MD}^2 = (8\,\text{cm})^2 + (8\,\text{cm})^2$

$\overline{MD}^2 = 128\,\text{cm}^2$

$\overline{MD} \approx 11,31\,\text{cm}$

$O = 2 \cdot G + \overline{AM} \cdot h + \overline{AD} \cdot h + \overline{MD} \cdot h$

$O = 2 \cdot 32\,\text{cm}^2 + 8\,\text{cm} \cdot 16\,\text{cm} + 8\,\text{cm} \cdot 16\,\text{cm} + 11,31\,\text{cm} \cdot 16\,\text{cm}$

$O = 500,96\,\text{cm}^2$

**167** Der bei der Rotation entstehende Zylinder hat den Radius: $r = \frac{a}{2}$ und die Höhe $h = b$.

Volumen:

$V = r^2\pi h$

$V = (4\,\text{cm})^2 \cdot \pi \cdot 5\,\text{cm}$

$V = 80\pi\,\text{cm}^3$

$V \approx 251,33\,\text{cm}^3$

Mantelfläche:

$M = 2r\pi h$

$M = 2 \cdot 4\,\text{cm} \cdot \pi \cdot 5\,\text{cm}$

$M = 40\pi\,\text{cm}^2$

$M \approx 125,66\,\text{cm}^2$

Oberfläche:

$O = 2r^2\pi + M$

$O = 2 \cdot (4\,\text{cm})^2 \cdot \pi + 40\pi\,\text{cm}^2$

$O = 72\pi\,\text{cm}^2$

$O \approx 226,19\,\text{cm}^2$

**168**

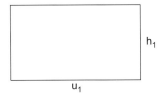

$h_1$

$u_1$

$h_2$

$u_2$

Zylinder 1

$u_1 = 29,7\,\text{cm} = 2 \cdot r_1 \cdot \pi$

$\quad r_1 = \dfrac{29,7\,\text{cm}}{2 \cdot \pi}$

$\quad r_1 \approx 4,73\,\text{cm}$

$V_1 = r_1^2 \cdot \pi \cdot h_1$

$V_1 = \left(\dfrac{29,7}{2\pi}\,\text{cm}\right)^2 \cdot \pi \cdot 21\,\text{cm}$

$V_1 \approx 1\,474,08\,\text{cm}^3$

$V_1 \approx 1,47\,\text{dm}^3$

Zylinder 2

$u_2 = 21\,\text{cm} = 2 \cdot r_2 \cdot \pi$

$\quad r_2 = \dfrac{21\,\text{cm}}{2 \cdot \pi}$

$\quad r_2 \approx 3,342\,\text{cm}$

$V_2 = r_2^2 \cdot \pi \cdot h_2$

$V_2 = \left(\dfrac{21,1}{2\pi}\,\text{cm}\right)^2 \cdot \pi \cdot 29,7\,\text{cm}$

$V_2 \approx 1\,042,28\,\text{cm}^3$

$V_2 \approx 1,04\,\text{dm}^3$

**169** Der Radius des einbeschriebenen Zylinders ist $\frac{a}{2}$, dessen Höhe a.

$V = r^2\pi h$

$V = \left(\dfrac{a}{2}\right)^2 \pi \cdot a$

$V = \dfrac{a^3}{4} \cdot \pi$

$V = \dfrac{(10\,\text{cm})^3}{4} \cdot \pi$

$V = 250\pi\,\text{cm}^3$

$M = 2r\pi h$

$M = 2 \cdot \dfrac{a}{2} \cdot \pi \cdot a$

$M = a^2 \cdot \pi$

$M = (10\,\text{cm})^2 \cdot \pi$

$M = 100\pi\,\text{cm}^2$

**170** Dosenvolumen:

$V = 0,75\,\text{dm}^3 + 0,75\,\text{dm}^3 \cdot \dfrac{5,0}{100}$

$V = 0,7875\,\text{dm}^3$

$V = 787,5\,\text{cm}^3$

$V = r^2 \cdot \pi \cdot h$

$V = \left(\dfrac{7,4\,\text{cm}}{2}\right)^2 \cdot \pi \cdot h$

$V = (3,7\,\text{cm})^2 \cdot \pi$

V muss gleich dem Dosenvolumen sein:

$$(3,7\,\text{cm})^2 \cdot \pi \cdot h\,\text{cm}^2 = 787,5\,\text{cm}^3 \quad |:43,01$$

$$h = \frac{787,5\,\text{cm}^3}{(3,7\,\text{cm})^2 \cdot \pi}$$

$$h \approx 18,31\,\text{cm}$$

---

**171**   $V_{\text{Zylinder}} = r^2 \cdot \pi \cdot h$

$V_{\text{Zylinder}} = (4,40\,\text{cm})^2\,\pi \cdot 8,84\,\text{cm}$

$V_{\text{Zylinder}} \approx 537,66\,\text{cm}^3$

$\text{Anzahl Zylinder} = \dfrac{2\,687\,\text{cm}^3}{537,66\,\text{cm}^3}$

$\text{Anzahl Zylinder} \approx 5$

---

**172**   Volumen des Rohrstücks:

$V = G \cdot h$

$V = (r_2^2 - r_1^2) \cdot \pi \cdot h$

$V = [(31,2\,\text{cm})^2 - (30,0\,\text{cm})^2] \cdot \pi \cdot 850\,\text{cm}$

$V \approx 196\,110,78\,\text{cm}^3$

Masse des Rohrstücks:

$m = \rho \cdot V$

$m = 7,8\,\dfrac{\text{g}}{\text{cm}^3} \cdot 196\,110,78\,\text{cm}^3$

$m = 1\,529\,664,08\,\text{g}$

$m \approx 1,53\,\text{t}$

Grundfläche G ist der Kreisring mit den Radien $r_1 = 30{,}0$ cm und $r_2 = 31{,}2$ cm. Höhe h ist die Rohrlänge mit 850 cm.

---

**173**   a)  Durchmesser der Zylinder:   $18\,\text{cm} + 2x$

Höhe der Zylinder:   $36\,\text{cm} - 2x$

Mantelfläche der Zylinder in Abhängigkeit von x:

$M(x) = u(x) \cdot h(x)$

$M(x) = 2 \cdot r(x) \cdot \pi \cdot h(x)$

$M(x) = 2 \cdot \left( \dfrac{18\,\text{cm} + 2x}{2} \right) \cdot \pi \cdot (36\,\text{cm} - 2x)$

$M(x) = -4\pi(x^2 - 9\,\text{cm} \cdot x - 162\,\text{cm}^2)$

Ausmultiplizieren und Zusammenfassen

b) Grafische Darstellung:

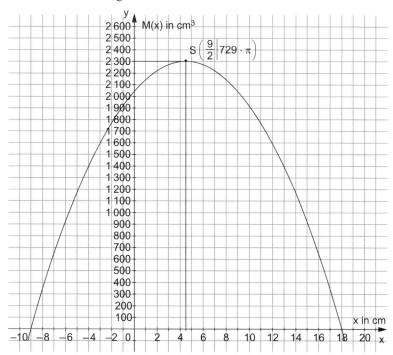

c) $M(x) = -4\pi\left[x^2 - 9\,\text{cm}\cdot x + \dfrac{81}{4}\,\text{cm}^2 - 162\,\text{cm}^2 - \dfrac{81}{4}\,\text{cm}^2\right]$ Quadratische Ergänzung

$M(x) = -4\pi\left[\left(x - \dfrac{9}{2}\,\text{cm}\right)^2 - \dfrac{729}{4}\,\text{cm}^2\right]$

$M(x) = -4\pi\cdot\left(x - \dfrac{9}{2}\,\text{cm}\right)^2 + 729\cdot\pi\,\text{cm}^2$

Der Graph von $M(x)$ ist eine nach unten geöffnete Parabel mit dem Scheitel $S\left(\dfrac{9}{2}\,\middle|\,729\pi\right)$. Die Mantelfläche hat demnach für $x = \dfrac{9}{2}\,\text{cm}$ ein Maximum $M_{max} = 729\pi\,\text{cm}^2$ ($\approx 2\,290,22\,\text{cm}^2$).

**174** a) Volumen:

$V = \dfrac{1}{3}\cdot G\cdot k$

$V = \dfrac{1}{3}\cdot(12\,\text{cm})^2\cdot 18\,\text{cm}$

$V = 864\,\text{cm}^3$

Oberfläche:

$O = G + 4 \cdot A_{\text{Seitenfläche}}$

Seitenflächen sind gleichschenklige Dreiecke ABS, BCS, CDS und ADS. Die Grundlinie dieser Dreiecke ist a und die Höhe $h' = \overline{ES}$.

Die Höhe h' berechnen wir aus dem Dreieck MES mithilfe des Satzes von Pythagoras:

$h_1^2 = h^2 + \overline{ME}^2$

$h_1^2 = (18\,\text{cm})^2 + (6\,\text{cm})^2$

$h_1^2 = 360\,\text{cm}^2$

$h_1 \approx 18{,}97\,\text{cm}$

$O = (12\,\text{cm})^2 + 4 \cdot \dfrac{1}{2} \cdot 12\,\text{cm} \cdot 18{,}97\,\text{cm}$

$O \approx 599\,\text{cm}^2$

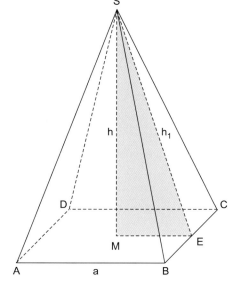

b) Volumen:

$V = \dfrac{1}{3} G \cdot h$

$V = \dfrac{1}{3} \cdot 10\,\text{cm} \cdot 8\,\text{cm} \cdot 18\,\text{cm}$

$V = 480\,\text{cm}^3$

Oberfläche:

$O = G + 2 \cdot A_{\text{Seitenfläche 1}} + 2 \cdot A_{\text{Seitenfläche 2}}$

Seitenfläche 1 ist das gleichschenklige Dreieck ABS mit der Grundlinie $\overline{AB} = a$ und der Höhe $h_3 = \overline{FS}$. Seitenfläche 2 ist das gleichschenklige Dreieck BCS mit der Grundlinie $\overline{BC} = b$ und der Höhe $h_2 = \overline{ES}$.

Die beiden Höhen $h_2$ und $h_3$ berechnen wir wieder mithilfe des Satzes von Pythagoras aus den Dreiecken MFS und MES.

$\overline{FS}^2 = \overline{MF}^2 + \overline{MS}^2$

$h_3^2 = (4\,\text{cm})^2 + (18\,\text{cm})^2$

$h_3^2 = 340\,\text{cm}^2$

$h_3 \approx 18{,}44\,\text{cm}$

$\overline{ES}^2 = \overline{ME}^2 + \overline{MS}^2$

$h_2^2 = (5\,\text{cm})^2 + (18\,\text{cm})^2$

$h_2^2 = 349\,\text{cm}^2$

$h_2 \approx 18{,}68\,\text{cm}$

$O = 10\,\text{cm} \cdot 8\,\text{cm} + 2 \cdot \dfrac{1}{2} \cdot 10\,\text{cm} \cdot 18{,}44\,\text{cm} + 2 \cdot \dfrac{1}{2} \cdot 8\,\text{cm} \cdot 18{,}68\,\text{cm}$

$O \approx 414\,\text{cm}^2$

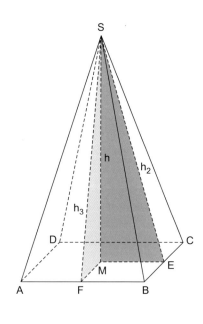

**175** a) Schrägbild der Pyramide ABCDS mit $\varphi = 45°$, und $[AB] \in s$.

$\overline{AB} = 9\,\text{cm}$ $(= a)$      in wahrer Länge

$\overline{MS} = 15\,\text{cm}$ $(= h)$      in wahrer Länge

$\overline{BC}_{\text{Zeichnung}} = q \cdot \overline{BC}_{\text{wahr}}$      verkürzt mit Faktor $\dfrac{1}{2}$

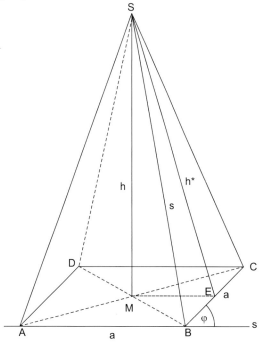

b) Seitenkante s:

Die Länge der Seitenkante erhalten wir aus dem rechtwinkligen Dreieck MBS mithilfe des Satzes von Pythagoras.

$$\overline{BS}^2 = \overline{MS}^2 + \overline{MB}^2$$

$$s^2 = h^2 + \left(\frac{a}{2}\sqrt{2}\right)^2$$

$$s^2 = (15\,\text{cm})^2 + \left(\frac{9\,\text{cm}}{2}\sqrt{2}\right)^2$$

$$s^2 = 225\,\text{cm}^2 + 40{,}5\,\text{cm}^2$$

$$s^2 = 265{,}5\,\text{cm}^2$$

$$s \approx 16{,}29\,\text{cm}$$

(Zeichenmaßstab 1 : 2)

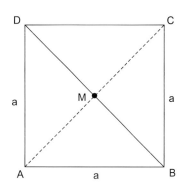

Berechnung von $\overline{MB}$:

$$\overline{BD}^2 = a^2 + a^2$$

$$\overline{BD}^2 = 2a^2$$

$$\overline{BD} = a\sqrt{2}$$

$$\overline{MB} = \frac{1}{2} \cdot \overline{BD}$$

$$\overline{MB} = \frac{a}{2}\sqrt{2}$$

c) Volumen der Pyramide:

$$V = \frac{1}{3} \cdot G \cdot h$$

$$V = \frac{1}{3} \cdot a^2 \cdot h$$

$$V = \frac{1}{3} \cdot (9\,\text{cm})^2 \cdot 15\,\text{cm}$$

$$V = 405\,\text{cm}^3$$

Mantelfläche der Pyramide:

Die Mantelfläche besteht aus vier kongruenten, gleichschenkligen Dreiecken. Um die Fläche dieser Dreiecke berechnen zu können, benötigen wir deren Höhe h*.

Die Höhe h* erhalten wir wieder mithilfe des Satzes von Pythagoras als Hypotenuse im rechtwinkligen Dreieck MES:

$$\overline{ES}^2 = \overline{MS}^2 + \overline{ME}^2$$

$$h^{*2} = h^2 + \left(\frac{a}{2}\right)^2$$

$$h^{*2} = (15\ cm)^2 + (4,5\ cm)^2$$

$$h^{*2} = 245,25\ cm^2$$

$$h^* \approx 15,66\ cm$$

Fläche eines Seitendreiecks:

$$A = \frac{1}{2} \cdot a \cdot h^*$$

$$A = \frac{1}{2} \cdot 9\ cm \cdot 15,66\ cm$$

$$A = 70,47\ cm^2$$

Mantelfläche:

$$M = 4 \cdot A$$

$$M = 4 \cdot 70,47\ cm^2$$

$$M = 281,88\ cm^2$$

**176** a) $V_{alt} = \frac{1}{3} \cdot G \cdot h$

$$V_{alt} = \frac{1}{3} \cdot (230\ m)^2 \cdot 150\ m$$

$$V_{alt} = 2\ 645\ 000\ m^3$$

b) $V_{neu} = \frac{1}{3} \cdot G \cdot h$

$$V_{neu} = \frac{1}{3} \cdot (226\ m)^2 \cdot 137\ m$$

$$V_{neu} = 2\ 332\ 471\ m^3$$

$$\Delta V = \Delta V_{alt} - V_{neu} \qquad \Delta V = 2645000\ m^3 - 2332471\ m^3 \qquad \Delta V = 312\ 529\ m^3$$

(Im Laufe der Zeit abgetragenes bzw. verwittertes Gestein)

c) Satz des Pythagoras im rechtwinkligen Dreieck MES:

$$h^{*2} = h^2 + \left(\frac{a}{2}\right)^2$$

$$h^{*2} = (137\ m)^2 + \left(\frac{226\ m}{2}\right)^2$$

$$h^{*2} = 31\ 538\ m^2$$

$$h^* \approx 177,59\ m$$

Mantelfläche:

$$M = 4 \cdot \frac{1}{2} \cdot a \cdot h^*$$

$$M = 4 \cdot \frac{1}{2} \cdot 226\ m \cdot 177,59\ m$$

$$M = 80\ 271\ m^2$$

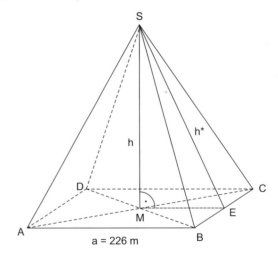

**177** Nach dem Strahlensatz gilt:

$$\frac{\overline{SM'}}{\overline{SS'}} = \frac{\overline{A'B'}}{\overline{AB}}$$

$$\frac{h-h'}{h} = \frac{a'}{a} \qquad | \cdot a$$

$$a' = \frac{h-h'}{h} \cdot a$$

$$a' = \frac{9\,\text{cm}}{15\,\text{cm}} \cdot 9\,\text{cm}$$

$$a' = 5,4\,\text{cm}$$

Seitenlänge des Quadrats A'B'C'D'

Volumen:

$$V' = \frac{1}{3}G' \cdot h'$$

$$V' = \frac{1}{3} \cdot (a')^2 \cdot h'$$

$$V' = \frac{1}{3} \cdot (5,4\,\text{cm})^2 \cdot 6\,\text{cm}$$

$$V' = 58,32\,\text{cm}^3$$

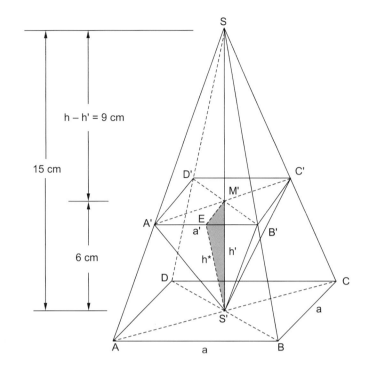

Oberfläche:

Um die Oberfläche der Pyramide A'B'C'D'S' berechnen zu können, benötigen wir wieder die Höhe h* eines Seitendreiecks. Diese Höhe h* bestimmen wir folgendermaßen.

$$\overline{ES'}^2 = \overline{EM'}^2 + \overline{M'S'}^2$$

$$h^{*2} = \left(\frac{a'}{2}\right)^2 + h'^2$$

$$h^{*2} = \left(\frac{5,4\,\text{cm}}{2}\right)^2 + (6\,\text{cm})^2$$

$$h^{*2} = 43,29\,\text{cm}^2$$

$$h^* \approx 6,58\,\text{cm}$$

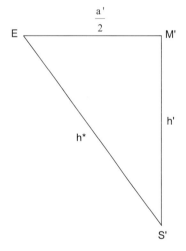

$$O = G + 4 \cdot A_{\text{Dreieck}}$$

$$O = (a')^2 + 4 \cdot \frac{1}{2} \cdot a' \cdot h^*$$

$$O = (5,4\,\text{cm})^2 + 4 \cdot \frac{1}{2} \cdot 5,4\,\text{cm} \cdot 6,58\,\text{cm}$$

$$O \approx 100,22\,\text{cm}^2$$

**178**

| | a) $r = 8\,\text{cm}$; $h = 10\,\text{cm}$ | b) $r = 5\,\text{cm}$; $h = 16\,\text{cm}$ |
|---|---|---|
| Volumen $V = \frac{1}{3}\pi r^2 h$ | $V = \frac{1}{3}\pi (8\,\text{cm})^2 \cdot 10\,\text{cm}$ <br> $V \approx 670,21\,\text{cm}^3$ | $V = \frac{1}{3}\pi (5\,\text{cm})^2 \cdot 16\,\text{cm}$ <br> $V \approx 418,88\,\text{cm}^3$ |
| Mantellinie $s = \sqrt{r^2 + h^2}$ | $s = \sqrt{(8\,\text{cm})^2 + (10\,\text{cm})^2}$ <br> $s = \sqrt{164\,\text{cm}^2}$ <br> $s \approx 12,81\,\text{cm}$ | $s = \sqrt{(5\,\text{cm})^2 + (16\,\text{cm})^2}$ <br> $s = \sqrt{281\,\text{cm}^2}$ <br> $s \approx 16,76\,\text{cm}$ |
| Oberfläche $O = r^2\pi + r\pi s$ | $O = (8\,\text{cm})^2\pi + 8\,\text{cm} \cdot \pi \cdot 12,81\,\text{cm}$ <br> $O \approx 523\,\text{cm}^2$ | $O = (5\,\text{cm})^2\pi + 5\,\text{cm} \cdot \pi \cdot 16,76\,\text{cm}$ <br> $O \approx 342\,\text{cm}^2$ |

**179**  $r = 9\,\text{m}; \ h = 6\,\text{m}$

$$V = \frac{1}{3} \cdot \pi \cdot r^2 \cdot h$$

$$V = \frac{1}{3} \cdot \pi \cdot (9\,\text{m})^2 \cdot 6\,\text{m}$$

$$V \approx 508,94\,\text{m}^3$$

---

**180**  a) Höhe des Kegels:

$$h^2 = a^2 - \left(\frac{a}{2}\right)^2 \quad h^2 = \frac{3}{4}a^2 \quad h = \frac{a}{2}\sqrt{3}$$

Radius des Kegels:

$$r = \frac{a}{2}$$

Volumen:

$$V = \frac{1}{3}\pi \cdot \left(\frac{a}{2}\right)^2 \cdot \frac{a}{2}\sqrt{3}$$

$$V = \frac{1}{3}\pi \cdot \frac{a^2}{4} \cdot \frac{a}{2}\sqrt{3}$$

$$V = \frac{1}{3}\pi\sqrt{3} \cdot \frac{a^3}{8}$$

$$V = \frac{1}{3}\pi\sqrt{3} \cdot \frac{(8\,\text{cm})^3}{8}$$

$$V \approx 116,08\,\text{cm}^3$$

Oberfläche:
O = G + M
$O = r^2\pi + r\pi s$

$$O = (4\,\text{cm})^2\,\pi + 4\,\text{cm} \cdot \pi \cdot 8\,\text{cm} \quad \left(r = \frac{a}{2} = 4\,\text{cm}; \ s = a = 8\,\text{cm}\right)$$

$$O \approx 150,80\,\text{cm}^2$$

b)  $M = \dfrac{\alpha}{360°} \cdot \pi \cdot s^2$ ⎫   $\dfrac{\alpha}{360°} \cdot \pi \cdot s^2 = r \cdot \pi \cdot s \quad |:(\pi \cdot s)$

$M = r \cdot \pi \cdot s$ ⎭   $\dfrac{\alpha}{360°} \quad \cdot s = r \qquad |:s \quad |\cdot 360°$

$$\alpha = \frac{r \cdot 360°}{s} \quad \alpha = \frac{4\,\text{cm} \cdot 360°}{8\,\text{cm}} \quad \alpha = 180°$$

d. h. die Abwicklung des Kegelmantels ist ein Halbkreis mit dem Radius 4 cm.

---

**181**  a) Der Bogen b des Kreissektors ist Umfang u des Grundkreises des Kegels.

$$b = \frac{\alpha}{360°} \cdot 2R \cdot \pi$$

$$b = \frac{90°}{360°} \cdot 2 \cdot 16\,\text{cm} \cdot \pi$$

$$b = 8\pi\,\text{cm}$$

Grundkreisradius:

$$2 \cdot r \cdot \pi = 8\pi\,\text{cm} \quad |:2\pi$$
$$r = 4\,\text{cm}$$

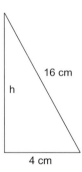

Höhe des Kegels:

$h^2 = (16\,\text{cm})^2 - (4\,\text{cm})^2$

$h^2 = 240\,\text{cm}^2$

$\quad h \approx 15,49\,\text{cm}$

b) Volumen:

$V = \frac{1}{3} r^2 \pi \cdot h$

$V = \frac{1}{3} \cdot (4\,\text{cm})^2 \cdot \pi \cdot 15,49\,\text{cm}$

$V \approx 259,57\,\text{cm}^3$

Oberfläche:

$O = G + M$

$O = r^2 \cdot \pi + r \cdot \pi \cdot s$

$O = (4\,\text{cm})^2 \cdot \pi + 4\,\text{cm} \cdot \pi \cdot 16\,\text{cm}$

$O = 16\pi\,\text{cm}^2 + 64\pi\,\text{cm}^2$

$O = 80\pi\,\text{cm}^2$

$O \approx 251,33\,\text{cm}^2$

(wobei die Mantellinie s des Kegels gleich dem Radius R des Kreissektors ist)

---

**182**  Volumen:

$V = \frac{4}{3}\pi r^3$

$V = \frac{4}{3}\pi \cdot (12\,\text{cm})^3$

$V \approx 7\,238,23\,\text{cm}^3$

$V \approx 7,24\,\text{dm}^3$

Oberfläche:

$O = 4\pi r^2$

$O = 4\pi\,(12\,\text{cm})^2$

$O \approx 1\,809,56\,\text{cm}^2$

$O \approx 18,10\,\text{dm}^2$

---

**183**  $\dfrac{V_{\text{Erde}}}{V_{\text{Mars}}} = \dfrac{\frac{4}{3}\pi r_E^3}{\frac{4}{3}\pi r_M^3}$

$\dfrac{V_{\text{Erde}}}{V_{\text{Mars}}} = \dfrac{r_E^3}{r_M^3} = \left(\dfrac{r_E}{r_M}\right)^3$

$\dfrac{V_{\text{Erde}}}{V_{\text{Mars}}} = \left(\dfrac{6\,371\,\text{km}}{3\,400\,\text{km}}\right)^3 = (1,87)^3$

$\dfrac{V_{\text{Erde}}}{V_{\text{Mars}}} \approx 6,58$

$V_{\text{Erde}} \approx 6,58 \cdot V_{\text{Mars}}$

---

**184**  $\left.\begin{array}{l} V = \dfrac{4}{3}\pi r^3 \\[2mm] V = 4\,188,79\,\text{cm}^3 \end{array}\right\}$  $\dfrac{4}{3}\pi r^3 = 4\,188,79\,\text{cm}^3$  $\Big| \cdot \dfrac{3}{4\pi}$

$\qquad\qquad\qquad r^3 = 4\,188,79\,\text{cm}^3 \cdot \dfrac{3}{4\pi}$

$\qquad\qquad\qquad r^3 \approx 1\,000\,\text{cm}^3$  $\big| 1\,000 = 10 \cdot 10 \cdot 10 = 10^3$

$\qquad\qquad\qquad\; r = 10\,\text{cm}$

$O = 4\pi r^2$

$O = 4\pi \cdot (10\,\text{cm})^2$

$O = 400\pi\,\text{cm}^2$

$O \approx 1\,256,64\,\text{cm}^2$

**185**  $V_{alt} = \frac{4}{3}\pi r^3$

$\left.\begin{array}{l} V_{neu} = \frac{4}{3}\pi\,(r+3)^3 \\[2mm] V_{neu} = V_{alt} + 684\pi\ cm^3 \end{array}\right\}$   $V_{alt} + 684\pi\ cm^3 = \frac{4}{3}\pi(r+3)^3$

Wir rechnen mit der Maßzahlengleichung ohne Einheiten:

$$V_{alt} + 684\pi = \frac{4}{3}\pi\cdot(r+3)^3$$

$$\frac{4}{3}\pi r^3 + 684\pi = \frac{4}{3}\pi\cdot(r+3)^3 \qquad\Big|\cdot\frac{3}{4\pi}$$

$$r^3 + 513 = (r+3)^3$$

$$r^3 + 513 = (r+3)\,(r+3)\,(r+3)$$

$$r^3 + 513 = (r^2 + 6r + 9)\,(r+3)$$

$$r^3 + 513 = r^3 + 9r^2 + 27r + 27 \qquad\Big|-r^3$$

$$9r^2 + 27r + 27 = 513 \qquad\Big|-513$$

$$9r^2 + 27r - 486 = 0 \qquad\Big|:9$$

$$r^2 + 3r - 54 = 0$$

Lösung der quadratischen Gleichung:

$$r_{1,2} = -\frac{3}{2} \pm \sqrt{\frac{9}{4} + 54}$$

$$r_{1,2} = -\frac{3}{2} \pm \sqrt{\frac{225}{4}}$$

$$r_{1,2} = -\frac{3}{2} \pm \frac{15}{2}$$

$$r_1 = 6$$

$$r_2 = -9$$

Der Radius r der Kugel beträgt 6 cm. Die 2. Lösung scheidet aus (negativer Radius und negatives Volumen).

$r_{alt} = 6\ cm$:

$V_{alt} = \frac{4}{3}\pi\cdot(6\ cm)^3$

$V_{alt} \approx 288\pi\ cm^3$

$r_{neu} = 6\ cm + 3\ cm = 9\ cm$:

$V_{neu} = \frac{4}{3}\pi\cdot(9\ cm)^3$

$V_{neu} \approx 972\pi\ cm^3$

$V_{neu} - V_{alt} = 972\pi\ cm^3 - 288\pi\ cm^3$

$V_{neu} - V_{alt} = 684\pi\ cm^3$

---

**186**  a)  $V_{alt} = \frac{4}{3}\pi\cdot r_{alt}{}^3$

$V_{neu} = 2\cdot V_{alt}$  $\qquad V_{neu} = 2\cdot\frac{4}{3}\pi\cdot r_{alt}{}^3$

$\left.\phantom{x}\right.$  $V_{neu} = \frac{4}{3}\pi\cdot r_{neu}{}^3$  $\left.\right\}$  $\frac{4}{3}\pi r_{neu}{}^3 = 2\cdot\frac{4}{3}\pi\cdot r_{alt}{}^3$

$$r_{neu}{}^3 = 2\cdot r_{alt}{}^3$$

$$r_{neu} = r_{alt}\cdot\sqrt[3]{2}$$

$$r_{neu} \approx 1,26\cdot r_{alt}$$

Damit das Volumen verdoppelt wird, muss der Radius der Kugel mit dem Faktor $\sqrt[3]{2} \approx 1,26$ multipliziert werden.

b)  $O_{alt} = 4\pi\,r_{alt}{}^2$

$O_{neu} = 2\cdot O_{alt}$  $\quad O_{neu} = 2\cdot 4\pi\,r_{alt}{}^2$  $\left.\right\}$  $4\pi\,r_{neu}{}^2 = 2\cdot 4\pi\,r_{alt}{}^2$

$\qquad\qquad O_{neu} = 4\pi\,r_{neu}{}^2$  $\quad r_{neu}{}^2 = 2\cdot r_{alt}{}^3$

$$r_{neu} = r_{alt}\cdot\sqrt{2}$$

$$r_{neu} \approx 1,41\cdot r_{alt}$$

Um die Oberfläche zu verdoppeln, muss der Kugelradius mit dem Faktor $\sqrt{2} \approx 1,41$ multipliziert werden.

**187**  Radius der Kugel:
r

Oberfläche der Kugel:
$O = 4\pi r^2$

Radius des Kreises:
2r

Flächeninhalt des Kreises:
$A = (2r)^2 \pi = 4r^2 \pi = O$

**188**  a)  Es entsteht ein Zylinder mit
Radius:
$r = \overline{AD} = 18\,\text{cm}$

Höhe:
$h = \overline{AB} = 12\,\text{cm}$

Volumen:
$V = r^2 \cdot \pi \cdot h$
$V = (18\,\text{cm})^2 \cdot \pi \cdot 12\,\text{cm}$
$V \approx 12\,214,51\,\text{cm}^3$

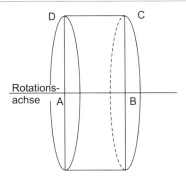

b)  Es entsteht ein Zylinder mit
Radius:
$r = \overline{AB} = 12\,\text{cm}$

Höhe:
$h = \overline{AD} = 18\,\text{cm}$

Volumen:
$V = r^2 \cdot \pi \cdot h$
$V = (12\,\text{cm})^2 \cdot \pi \cdot 18\,\text{cm}$
$V \approx 8\,143,01\,\text{cm}^3$

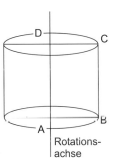

**189**  Volumen des Körpers:
$V = V_{\text{Würfel}} + 6 \cdot V_{\text{Pyramide}}$

$V = a^3 + 6 \cdot \dfrac{1}{3} \cdot a^2 \cdot h$

$V = (6\,\text{cm})^3 + 6 \cdot \dfrac{1}{3} \cdot (6\,\text{cm})^2 \cdot 6\,\text{cm}$

$V = 648\,\text{cm}^3$

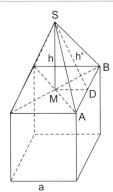

Oberfläche des Körpers:
Die Oberfläche besteht aus $6 \cdot 4 = 24$ Dreiecken. Dreieck ABS ist eines dieser Dreiecke. Die Seitenflächen des Würfels liegen im Inneren des Körpers, zählen also nicht zur Oberfläche.
Die 24 Dreiecke haben die Grundlinie a und die Höhe h'.
Die Höhe h' dieser Dreiecke gewinnen wir aus dem Dreieck MDS mithilfe des Satzes des Pythagoras:

$\overline{DS}^2 = \overline{MS}^2 + \overline{MD}^2$

$h'^2 = h^2 + \left(\dfrac{a}{2}\right)^2$

$h'^2 = (6\,\text{cm})^2 + (3\,\text{cm})^2$

$h'^2 = 45\,\text{cm}^2$

$h' = \sqrt{45\,\text{cm}^2}$

$h' \approx 6,71\,\text{cm}$

$O = 24 \cdot A_{\triangle ABS}$

$O = 24 \cdot \dfrac{1}{2} \cdot a \cdot h'$

$O = 24 \cdot \dfrac{1}{2} \cdot 6\,\text{cm} \cdot 6,71\,\text{cm}$

$O \approx 483\,\text{cm}^2$

**190** a) $V = V_{\text{Pyramide 1}} + V_{\text{Pyramide 2}}$

$V = \dfrac{1}{3} \cdot a^2 \cdot h_1 + \dfrac{1}{3} \cdot a^2 \cdot h_2$

$V = \dfrac{1}{3} \cdot a^2 \cdot (h_1 + h_2)$

$V = \dfrac{1}{3} \cdot (10\,\text{cm})^2 \cdot (8\,\text{cm} + 16\,\text{cm})$

$V = 800\,\text{cm}^3$

b) $O = 4 \cdot A_{\text{Dreieck, Pyramide 1}} + 4 \cdot A_{\text{Dreieck, Pyramide 2}}$

Um den Flächeninhalt der Seitendreiecke beider Pyramiden berechnen zu können, benötigen wir wieder

deren Höhen $h_1'$ und $h_2'$. Diese gewinnen wir aus der Beziehung: $(h')^2 = h^2 + \left(\dfrac{a}{2}\right)^2$

$(h_1')^2 = (h_1)^2 + \left(\dfrac{a}{2}\right)^2$           $(h_2')^2 = (h_2)^2 + \left(\dfrac{a}{2}\right)^2$

$(h_1')^2 = (8\,\text{cm})^2 + (5\,\text{cm})^2$           $(h_2')^2 = (16\,\text{cm})^2 + (5\,\text{cm})^2$

$(h_1')^2 = 89\,\text{cm}^2$           $(h_2')^2 = 281\,\text{cm}^2$

$h_1' \approx 9{,}43\,\text{cm}$           $h_2' \approx 16{,}76\,\text{cm}$

Oberfläche:

$O = 4 \cdot \dfrac{1}{2} \cdot a \cdot h_1' + 4 \cdot \dfrac{1}{2} \cdot a \cdot h_2'$

$O = 2a \cdot (h_1' + h_2')$

$O = 2 \cdot 10\,\text{cm} \cdot (9{,}43\,\text{cm} + 16{,}76\,\text{cm}) \approx 524\,\text{cm}^2$

**191** Volumen:

$V = V_{\text{Halbkugel}} + V_{\text{Kegel}}$

$V = \dfrac{1}{2} \cdot \dfrac{4}{3}\pi r^3 + \dfrac{1}{3} r^2 \pi \cdot h$

$V = \dfrac{1}{2} \cdot \dfrac{4}{3}\pi \cdot (5\,\text{cm})^3 + \dfrac{1}{3}(5\,\text{cm})^2 \pi \cdot 7\,\text{cm}$

$V \approx 261{,}80\,\text{cm}^3 + 183{,}26\,\text{cm}^3$

$V = 445{,}06\,\text{cm}^3$

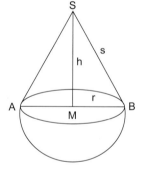

Oberfläche:

$O = O_{\text{Halbkugel}} + M_{\text{Kegel}}$

$O = \dfrac{1}{2} \cdot 4\pi r^2 + r \cdot s \cdot \pi$

$O = \dfrac{1}{2} \cdot 4 \cdot \pi \cdot (5\,\text{cm})^2 + 5\,\text{cm} \cdot 8{,}60\,\text{cm} \cdot \pi$

$O \approx 157{,}08\,\text{cm}^2 + 135{,}09\,\text{cm}^2$

$O \approx 292{,}2\,\text{cm}^2$

Satz des Pythagoras im Dreieck MBS:

$s^2 = h^2 + r^2$

$s^2 = (7\,\text{cm})^2 + (5\,\text{cm})^2$

$s^2 = 74\,\text{cm}^2$

$s \approx 8{,}60\,\text{cm}$

**192**  $V_{Zyl} = r^2 \cdot \pi \cdot h$

a)  $V_{Zyl} = 750 \, m\ell; \quad r = \dfrac{d}{2} = 5 \, cm$

$h = \dfrac{V_{Zyl}}{r^2 \cdot \pi}$

$h = \dfrac{750 \, m\ell}{(5 \, cm)^2 \cdot \pi}$

$h \approx 9{,}55 \, cm$

Das Wasser steht 9,55 cm hoch im Messbecher.

b)  Volumen der Eisenkugel:

$V = \dfrac{4}{3} r^3 \pi$

$V = \dfrac{4}{3} \cdot \left( \dfrac{7{,}5 \, cm}{2} \right)^3 \cdot \pi$

$V \approx 220{,}9 \, cm^3$

Steigen des Wasserspiegels:

$h' = \dfrac{220{,}9 \, cm^3}{(5 \, cm)^2 \cdot \pi}$

$h' \approx 2{,}8 \, cm$

Der Wasserspiegel steigt um 2,8 cm.

c)  1. Möglichkeit:

Beide Volumina werden addiert und damit die Höhe des Wasserspiegels ausgerechnet. Es muss sich die Summer der in a und b berechneten Höhen ergeben.

2. Möglichkeit:

Man berechnet das Volumen eines Zylinders mit d = 10 cm und h = 2,8 cm. Dieses Volumen muss mit dem der Eisenkugel übereinstimmen.

**193**  a)  Kreisumfang

$u = 2\pi \cdot r$       Umstellen nach r

$r = \dfrac{u}{2\pi}$

$r = \dfrac{44 \, m}{2 \cdot \pi}$

$r \approx 7 \, m$

Maßstab 1 : 100, d. h. 1 cm in der Zeichnung entspricht 1 m in der Wirklichkeit.

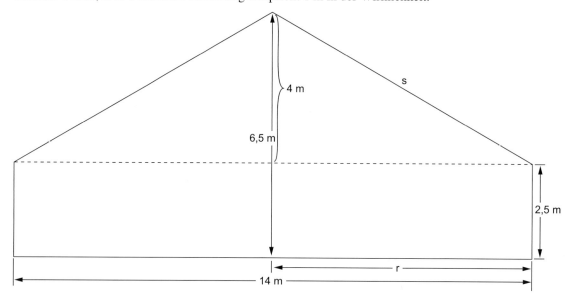

b) Fläche der Plane = Mantellfläche eines Kegels mit r = 7 m und Höhe  h = 6,5 m − 2,5 m = 4 m.

$M = r \cdot \pi \cdot s$

Berechnung von s mit dem Satz des Pythagoras:

$s^2 = r^2 + h_k^2$

$s^2 = (7\ m)^2 + (4\ m)^2$

$s^2 = 49\ m^2 + 16\ m^2$

$s^2 = 65\ m^2$

$s \approx 8,06\ m$

$M = 7\ m \cdot \pi \cdot 8,06\ m$

$M \approx 177,3\ m^2$

Die Plane ist etwa 177,3 m² groß.

# 10 Stochastik

**194** Um das Ergebnis in einem Boxplot darzustellen, müssen zunächst Minimum, Maximum, Median, unteres Quartil und oberes Quartil bestimmt werden. Dazu werden die Daten der Größe nach geordnet.

Aufsteigend geordnete Datenmenge:

20  32  35  45  46  50  **53**  **57**  65  70  75  78  80  95  in min

Minimum:          20 min

Maximum:          95 min

Median:           $\dfrac{53+57}{2}$ min $= 55$ min

unteres Quartil:  45 min

oberes Quartil:   75 min

Boxplot:

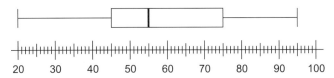

**195** a) Zunächst werden die Daten jeweils der Größe nach sortiert.

Jungen:   0  5  7  7  10  10  12  **12**  14  14  15  20  21  30  45

Mädchen:  5  5  6  7  7  10  **10**  12  14  15  18  20  28

Dann werden jeweils Minimum, Maximum, Median, unteres Quartil und oberes Quartil bestimmt.

|         | Minimum | Maximum | Median | unteres Quartil | oberes Quartil |
|---------|---------|---------|--------|-----------------|----------------|
| Jungen  | 0       | 45      | 12     | 7               | 20             |
| Mädchen | 5       | 28      | 10     | $6{,}5\left(=\dfrac{6+7}{2}\right)$ | $16{,}5\left(=\dfrac{15+18}{2}\right)$ |

Schließlich werden die Boxplots gezeichnet.

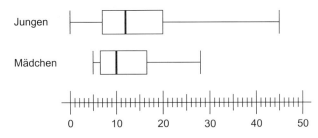

b) Den Boxplots kann man entnehmen, dass die Spannweite der Taschengeldverteilung bei den Jungen sehr viel größer ist als bei den Mädchen. Betrachtet man die einzelnen statistischen Kenngrößen, die man aus den Boxplots ablesen kann, erkennt man, dass als einzige Kenngröße das Minimum bei den Mädchen größer ist als bei den Jungen und sogar deutlich darüber liegt. Maximum, Median, unteres Quartil und oberes Quartil sind bei den Jungen größer als bei den Mädchen.

Während das untere Quartil der Jungen und das der Mädchen annähernd gleich groß sind und der Median der Jungen auch nur leicht über dem der Mädchen liegt, befindet sich das obere Quartil der Jungen bereits deutlich über dem der Mädchen. Das Maximum der Jungen liegt besonders weit über dem der Mädchen.

Eine exakte Aussage darüber, wer mehr Taschengeld bekommt, kann man anhand dieser Boxplots jedoch nicht treffen. Aus dem Boxplot kann man nur die Verteilung der Werte aber nicht deren exakte Höhe ablesen. So könnte es beispielsweise sein, dass nur ein einziger Junge Taschengeld in der Höhe von 45 € bekommt, also ein Ausreißer ist, und die Verteilung in der Box bei den Jungen ganz dicht beim Median liegt, sodass sich in der Summe ein geringerer Wert als bei den Mädchen ergibt. Auch sagen die Boxplots nichts über die Anzahl der Daten für die Jungen und die Mädchen aus.

**196** a)

| Altersgruppe | Minimum | Maximum | Median | unteres Quartil | oberes Quartil |
|---|---|---|---|---|---|
| 21–25 | 5 € | 51 € | 26 € | 17 € | 31 € |
| 16–20 | 5 € | 53 € | 17 € | 12 € | 31 € |
| 11–15 | 0 € | 35 € | 9 € | 6 € | 19 € |

b) Diese Aussage ist falsch. Bei den 16- bis 20-Jährigen ist das Maximum mit 53 € zwar am größten, es könnte jedoch von einem einzigen Befragten kommen. Das obere Quartil liegt bei 31 € und der Median bei 17 €. Das bedeutet, dass nur 50 % in dieser Altersgruppe mehr als 17 € und lediglich 25 % mehr als 31 € für das Handy ausgeben.

Bei den 21- bis 25-Jährigen liegt das obere Quartil ebenfalls bei 31 €, jedoch liegt hier das untere Quartil bei 17 €. Somit sind es in dieser Altersgruppe etwa 75 %, die mehr als 17 € für das Handy ausgeben. Der Median zeigt zudem an, dass 50 % mehr als 26 € ausgeben. Damit gibt diese Altersgruppe insgesamt am meisten Geld für das Handy aus.

**197** a) Anzahl der Noten: $n = 33 \; (= 2 + 4 + 10 + 9 + 6 + 2)$

| Note | 1 | 2 | 3 | 4 | 5 | 6 | |
|---|---|---|---|---|---|---|---|
| Relative Häufigkeit h | 0,061 | 0,12 | 0,30 | 0,27 | 0,18 | 0,061 | dezimal |
| | 6,1 % | 12 % | 30 % | 27 % | 18 % | 6,1 % | prozentual |

b) Absolute Häufigkeit:  25

Relative Häufigkeit:  $0,76 \left( = \dfrac{25}{33} \right)$ bzw.  76 %

c) Arithmetisches Mittel:  $\dfrac{2 \cdot 1 + 4 \cdot 2 + 10 \cdot 3 + 9 \cdot 4 + 6 \cdot 5 + 2 \cdot 6}{33} = \dfrac{118}{33} = 3,58$

d) Absolute Häufigkeit/Säulendiagramm

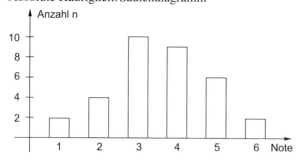

Relative Häufigkeit/Torten-Diagramm

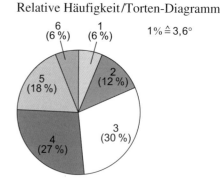

**198** a) Weibliche Personen:

$w = \dfrac{2\,805}{5\,387} \cdot 100\,\%$

$w \approx 52,07\,\%$

b) Unter 18 Jahren:

$$n = \frac{5\,387}{100} \cdot 18,5$$

$$n \approx 997$$

c) Weibliche unter 18 Jahren:

$$w_n = \frac{997}{100} \cdot 52,6$$

$$w_n \approx 524$$

d)

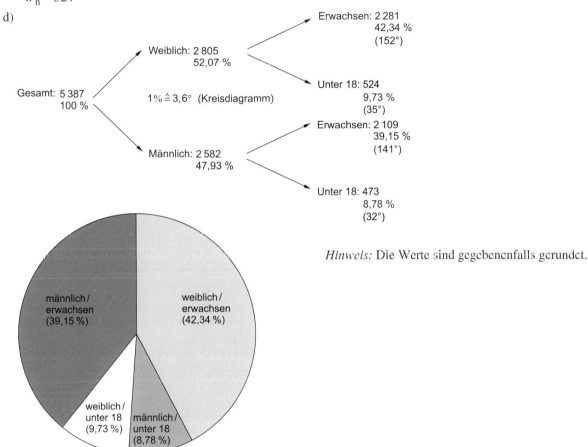

Gesamt: 5 387
100 %

$1\% \,\hat{=}\, 3,6°$  (Kreisdiagramm)

Weiblich: 2 805
52,07 %

Männlich: 2 582
47,93 %

Erwachsen: 2 281
42,34 %
(152°)

Unter 18: 524
9,73 %
(35°)

Erwachsen: 2 109
39,15 %
(141°)

Unter 18: 473
8,78 %
(32°)

*Hinweis:* Die Werte sind gegebenenfalls gerundet.

männlich/
erwachsen
(39,15 %)

weiblich/
erwachsen
(42,34 %)

weiblich/
unter 18
(9,73 %)

männlich/
unter 18
(8,78 %)

e)

| Jahre | 0 – 10 | 11 – 20 | 21 – 30 | 31 – 40 | 41 – 50 | 51 – 60 | 61 – 70 | 71 – 80 | > 80 | |
|---|---|---|---|---|---|---|---|---|---|---|
| Relative Häufigkeit | 0,116 | 0,126 | 0,138 | 0,161 | 0,163 | 0,136 | 0,088 | 0,052 | 0,020 | dezimal |
| | 11,6 % | 12,6 % | 13,8 % | 16,1 % | 16,3 % | 13,6 % | 8,8 % | 5,2 % | 2,0 % | prozentual |

*Hinweis:* Die Werte sind gegebenenfalls gerundet.

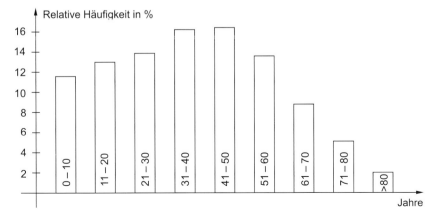

f) Anzahl der weiblichen Personen über 18 Jahre: 2 281 (siehe d)

Relative Häufigkeit: $\dfrac{2\,281}{5\,387} \approx 0,4234$ bzw. $42,34\,\%$

---

**199** Ereignis 1:

$\text{Zahl} \geq 3 \quad \rightarrow \quad n_{E1} = 6 \qquad p(E1) = \dfrac{n_{E1}}{n}$

$p(E1) = \dfrac{6}{8}$

$p(E1) = 0,75$ bzw. $75\,\%$

Ereignis 2:

$\text{Zahl} < 3 \quad \rightarrow \quad n_{E2} = 2 \qquad p(E2) = \dfrac{n_{E2}}{n}$

$p(E2) = \dfrac{2}{8}$

$p(E2) = 0,25$ bzw. $25\,\%$

oder Ereignis 2 ist das „Gegenereignis" zu Ereignis 1:

$p(E2) = 1 - p(E1)$

$p(E2) = 1 - 0,75 = 0,25$

---

**200** E1: gerade $\qquad n_{E1} = 7$ $\qquad\qquad\qquad$ E2: ungerade $\qquad n_{E2} = 8$

$p(E1) = \dfrac{7}{15}$ $\qquad\qquad\qquad\qquad\qquad$ $p(E2) = \dfrac{8}{15}$

$p(E1) \approx 0,467$ bzw. $46,7\,\%$ $\qquad\qquad$ $p(E2) \approx 0,533$ bzw. $53,3\,\%$

---

**201** a) E1: Karo oder Herz $\qquad n_{E1} = 16 \qquad p(E1) = \dfrac{16}{32}$

$p(E1) = 0,5$ bzw. $50\,\%$

b) E2: Ein As $\qquad\qquad n_{E2} = 4 \qquad p(E2) = \dfrac{4}{32}$

$p(E2) = 0,125$ bzw. $12,5\,\%$

c) E3: Kreuz As $\qquad\qquad n_{E3} = 1 \qquad p(E3) = \dfrac{1}{32}$

$p(E3) \approx 0,031$ bzw. $3,1\,\%$

d) E4: Bube oder Dame oder König $\quad n_{E4} = 12 \qquad p(E4) = \dfrac{12}{32}$

$p(E4) = 0,375$ bzw. $37,5\,\%$

e) E5: keine 7 $\qquad\qquad n_{E5} = 28 \qquad p(E5) = \dfrac{28}{32}$

$p(E5) = 0,875$ bzw. $87,5\,\%$

---

**202** a) rot: $\quad p(r) = \dfrac{1}{10}$ $\qquad$ schwarz: $\quad p(s) = \dfrac{2}{10}$

$p(r) = 0,1$ bzw. $10\,\%$ $\qquad\qquad$ $p(s) = 0,2$ bzw. $20\,\%$

blau: $\quad p(b) = \dfrac{3}{10}$ $\qquad\qquad$ weiß: $\quad p(w) = \dfrac{4}{10}$

$p(b) = 0,3$ bzw. $30\,\%$ $\qquad\qquad$ $p(w) = 0,4$ bzw. $40\,\%$

b) Nein. Durch das Zurücklegen der Kugel stellt man die Ausgangssituation (wie bei a) wieder her.

c) Es befinden sich noch 9 Kugeln in der Urne. Zwei Kugeln sind schwarz.

$p(s) = \dfrac{2}{9}$

$p(s) \approx 0,22$ bzw. 22 %

---

**203** a) Ergebnismenge $\Omega = \{(1; 1)\ (1; 2) \dots (1; 6)$
$(2; 1) \ \dots\dots (2; 6)$
$(3; 1) \ \dots\dots (3; 6)$
$(4; 1) \ \dots\dots (4; 6)$
$(5; 1) \ \dots\dots (5; 6)$
$(6; 1) \ \dots\dots (6; 6)\}$

b) $n_\Omega = 36$

Ereignis E1:    mindestens eine 6    $n_{E1} = 11$    $p(E1) = \dfrac{11}{36}$

$p(E1) \approx 0,306$ bzw. 30,6 %

Ereignis E2:    genau eine 6    $n_{E2} = 10$    $p(E2) = \dfrac{10}{36}$

$p(E2) \approx 0,278$ bzw. 27,8 %

Ereignis E3:    Augensumme $\geq 9$    $n_{E3} = 10$    $[(3; 6)\ (4; 5)\ (4; 6)\ (5; 4)\ (5; 5)\ (5; 6)\ (6; 3)\ (6; 4)\ (6; 5)\ (6; 6)]$

$p(E3) = \dfrac{10}{36}$

$p(E1) \approx 0,278$ bzw. 27,8 %

---

**204** a) Merkmal „weiblich": $n = 37$    $p = \dfrac{37}{100}$

$p = 0,37$ bzw. 37 %

b) Merkmal „Raucher/-in": $n = 42$    $p = \dfrac{42}{100}$

$p = 0,42$ bzw. 42 %

c) Merkmal „Nichtraucherin": $n = 20$    $p = \dfrac{20}{100}$

$p = 0,20$ bzw. 20 %

---

**205**

| | Relative Häufigkeit | |
|---|---|---|
| Schüler | Kopf | Kante |
| 1 | 0,756 | 0,244 |
| 2 | 0,802 | 0,198 |
| 3 | 0,739 | 0,261 |
| 4 | 0,779 | 0,221 |
| 5 | 0,793 | 0,207 |

Gesamtanzahl der Würfe: 5 000
Gesamtanzahl Kopf:    3 869
(Gesamtanzahl Kante:    1 131)

Wahrscheinlichkeit für das Ereignis „landet auf dem Kopf":

$p = \dfrac{3\,869}{5\,000}$

$p \approx 0,774$ bzw. 77,4 %

**206** Ereignis 1: 97 % brauchbar $\qquad\rightarrow\;$ p(E1) = 0,97

Ereignis 2: von 100 brauchbaren sind 75 Güteklasse I $\;\rightarrow\;$ p(E2) = 0,75

Damit das Produkt erstklassig ist, muss es sowohl brauchbar als auch als Güteklasse I sein.

p = p(E1) · p(E2)

p = 0,97 · 0,75

p = 0,7275 bzw. 72,75 %

Wahrscheinlichkeit q dafür, dass das Produkt nicht zur Güteklasse 1 gehört:

q = 1 − p = 1 − 0,7275 = 0,2725

---

**207** Wir erstellen für das Zufallsexperiment ein Baumdiagramm. $\bigotimes$ bedeutet: kein König.

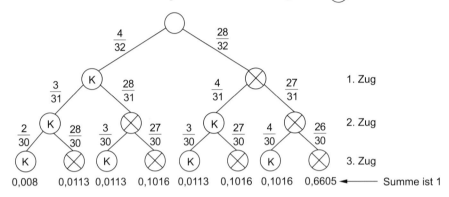

0,008 $\quad$ 0,0113 $\;$ 0,0113 $\quad$ 0,1016 $\quad$ 0,0113 $\quad$ 0,1016 $\quad$ 0,1016 $\quad$ 0,6605 ◄——— Summe ist 1

*Hinweis:* Die Werte sind gegebenenfalls gerundet.

Die Zahlen im Baumdiagramm bedeuten die Wahrscheinlichkeiten auf den entsprechenden Zweigen.

1 König bei 3 Zügen:  3 Wege $\qquad\rightarrow\qquad$ ◯Ⓚ⊗⊗  ◯⊗Ⓚ⊗  ◯⊗⊗Ⓚ

$\qquad\qquad$ Wahrscheinlichkeit $p = \dfrac{4}{32}\cdot\dfrac{28}{31}\cdot\dfrac{27}{30}+\dfrac{28}{32}\cdot\dfrac{4}{31}\cdot\dfrac{27}{30}+\dfrac{28}{32}\cdot\dfrac{27}{31}\cdot\dfrac{4}{30}$

$\qquad\qquad\qquad p \approx 3\cdot 0,1016$

$\qquad\qquad\qquad p = 0,3048$ bzw. 30,48 %

2 Könige bei 3 Zügen: 3 Wege $\qquad\rightarrow\qquad$ ◯ⓀⓀ⊗  ◯Ⓚ⊗Ⓚ  ◯⊗ⓀⓀ

$\qquad\qquad$ Wahrscheinlichkeit $p = \dfrac{4}{32}\cdot\dfrac{3}{31}\cdot\dfrac{28}{30}+\dfrac{4}{32}\cdot\dfrac{28}{31}\cdot\dfrac{3}{30}+\dfrac{28}{32}\cdot\dfrac{4}{31}\cdot\dfrac{3}{30}$

$\qquad\qquad\qquad p \approx 3\cdot 0,01129$

$\qquad\qquad\qquad p \approx 0,0339$ bzw. 3,39 %

3 Könige bei 3 Zügen: 1 Weg $\qquad\rightarrow\qquad$ ◯ⓀⓀⓀ

$\qquad\qquad$ Wahrscheinlichkeit $p = \dfrac{4}{32}\cdot\dfrac{3}{31}\cdot\dfrac{2}{30}$

$\qquad\qquad\qquad p \approx 0,00081$ bzw. 0,081 %

**208** a)

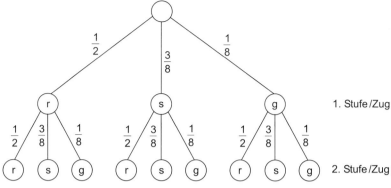

| Ereignisse | (r; r) | (r; s) | (r; g) | (s; r) | (s; s) | (s; g) | (g; r) | (g; s) | (g; g) |
|---|---|---|---|---|---|---|---|---|---|
| Wahrscheinlichkeit | $\frac{1}{4}$ | $\frac{3}{16}$ | $\frac{1}{16}$ | $\frac{3}{16}$ | $\frac{9}{64}$ | $\frac{3}{64}$ | $\frac{1}{16}$ | $\frac{3}{64}$ | $\frac{1}{64}$ |
| | 0,25 | 0,19 | 0,063 | 0,19 | 0,14 | 0,047 | 0,063 | 0,047 | 0,016 |

*Hinweis:* Die Werte sind gegebenenfalls gerundet.

b) E1: zweite gezogene Kugel schwarz $\rightarrow$ (r; s) (s; s) (g; s)

Wahrscheinlichkeit $p(E1) = \dfrac{3}{16} + \dfrac{9}{64} + \dfrac{3}{64}$

$\qquad\qquad p(E1) = \dfrac{24}{64}$

$\qquad\qquad P(E1) = 0,375$ bzw. 37,5 %

c) E2: bei Kugeln grün $\rightarrow$ (g; g)

Wahrscheinlichkeit $p(E2) = \dfrac{1}{8} \cdot \dfrac{1}{8} = \dfrac{1}{64}$

$\qquad\qquad p(E2) \approx 0,016$ bzw. 1,6 %

# Aufgabe im Stil der Abschlussprüfung

## Hauptteil I

**1**  a) ☐ 0,9352  ☐ 9 352  ☐ 93,52  ☒ 9,352

b) Überschlagsrechnung: $1 \cdot 10 = 10$. Da von den angegebenen Lösungen nur 9,352 in der Größenordnung von 10 liegt, muss dies die richtige Lösung sein.

---

**2**  a) $140,58 - 39,123 - 0,07 = 101,387$  b) $-56,95 - 34,23 - 15,054 = -106,234$

b) $1,5^2 = 2,25$  d) $4\,556 : 8,5 = 536$

---

**3**  a) $9,5\,\text{t} = 9\,500\,\text{kg}$  b) $16\,\text{min} = 960\,\text{s}$

c) $8\,\text{dm}^2 = 800\,\text{cm}^2$  d) $4,5\,\ell = 4,5\,\text{dm}^3 = 4\,500\,\text{cm}^3$

---

**4**      1 mm  in  3 Tagen

    10 mm  in  1 Monat (30 Tage)

   120 mm  in  1 Jahr (12 Monate)

1 920 mm  in  16 Jahren

$1\,920\,\text{mm} \approx 2\,000\,\text{mm} = 2\,\text{m}$

Antwort c ist richtig.

---

**5**  a) $\dfrac{5}{20} = \dfrac{1}{4}$ ist gefärbt.

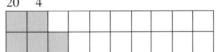

b) Das Rechteck besteht aus 30 kleinen Quadraten. Also müssen $\dfrac{2}{5} \cdot 30 = 12$ kleine Quadrate gefärbt werden. Dies ist z. B. eine mögliche Lösung:

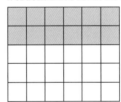

c) Bringe beide Brüche zuerst auf den Hauptnenner: $\dfrac{1}{3} = \dfrac{4}{12}$ und $\dfrac{1}{4} = \dfrac{3}{12}$.

Da zwischen den beiden Zählern keine ganze Zahl liegt, multipliziere bei beiden Brüchen Zähler und Nenner noch mit 2: $\dfrac{4 \cdot 2}{12 \cdot 2} = \dfrac{8}{24}$ und $\dfrac{3 \cdot 2}{12 \cdot 2} = \dfrac{6}{24}$. Demnach liegt z. B. der Bruch $\dfrac{7}{24}$ dazwischen.

*Alternative Lösung:*
Durch Probieren lassen sich ebenfalls Brüche zwischen $\dfrac{1}{3} = 0,333\ldots$ und $\dfrac{1}{4} = 0,25$ finden, etwa:

$\dfrac{2}{7} = 0,285\ldots,\ \dfrac{3}{10} = 0,3,\ \dfrac{3}{11} = 0,272\ldots$

**6** a) Am schnellsten fährt er zwischen 1,5 h und 2,5 h, denn in diesem Abschnitt verläuft die Gerade am steilsten. (Er fährt dort mit 30 $\frac{km}{h}$.)

b) Die Durchschnittsgeschwindigkeit beträgt 20 $\frac{km}{h}$. Er legt 110 km in 5,5 h zurück, also:

$$v = \frac{110\,km}{5,5\,h} = 20\,\frac{km}{h}$$

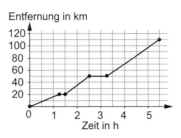

Entfernung in km

Zeit in h

**7** Der Arbeitstag des Monteurs dauert
4 h + 1 h + 3 h = 8h.
Da der Kreis aus 24 gleich großen Teilen besteht, müssen die jeweiligen Brüche noch auf den Nenner 24 gebracht werden.

Kundendienst:  4 h von 8 h $\hat{=}$ $\frac{4}{8}$ = $\frac{12}{24}$

Pausen:  1 h von 8 h $\hat{=}$ $\frac{1}{8}$ = $\frac{3}{24}$

Abrechnungen:  3 h von 8 h $\hat{=}$ $\frac{3}{8}$ = $\frac{9}{24}$

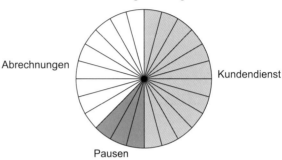

**Verteilung der Tätigkeiten**

Abrechnungen

Kundendienst

Pausen

**8** Berechnung der entstehenden Kosten:
Angebot 1:
Berechne zuerst die zusätzlichen Kosten:
Geg.:  G = 250 €
       p % = 5 %
Ges.:  W = $\frac{G \cdot p}{100}$ = $\frac{250\,€ \cdot 5}{100}$ = 12,50 €

Insgesamt: 250 € + 12,50 € = 262,50 €

Also ist Angebot 1 günstiger.

Angebot 2:
6 · 45 € = 270 €

**9** Es liegt eine proportionale Zuordnung vor.

: 1 200 ( 1 200 ℓ $\hat{=}$ 3 h ) : 1 200

1 ℓ $\hat{=}$ $\frac{3}{1\,200}$ h

· 4 000 ( ) · 4 000

4 000 ℓ $\hat{=}$ $\frac{3 \cdot 4\,000}{1\,200}$ h

Nach 10 Stunden sind 4 000 Liter im Teich.

**10** Es liegt eine antiproportionale Zuordnung vor.

: 4 ( 4 Personen $\hat{=}$ 12 Tage ) · 4
· 3 ( 1 Person $\hat{=}$ 48 Tage ) : 3
    3 Personen $\hat{=}$ 16 Tage

Wenn 3 Personen an der Expedition teilnehmen, würde der Vorrat 16 Tage reichen.

**11** a) Erhöhung **um** 20 % bedeutet 20 % mehr, also ist der Prozentwert W zum Prozentsatz p % = 120 % gesucht.

$$W = \frac{G \cdot p}{100} = \frac{360\,€ \cdot 120}{100} = 432\,€$$

b) Verminderung **auf** 20 % bedeutet, dass der Prozentwert W zum Prozentsatz p % = 20 % gesucht ist.

$$W = \frac{G \cdot p}{100} = \frac{520 \, € \cdot 20}{100} = 104 \, €$$

c) Der ursprüngliche Wert, der 100 % entspricht, wurde auf den 3-fachen Wert vergrößert. Demnach wurde er auf 3 · 100 % = 300 % vergrößert.

d) Der ursprüngliche Wert, der 100 % entspricht, wurde auf ein Viertel verkleinert, also auf 25 %. Demnach wurde er um 100 % − 25 % = 75 % verkleinert.

---

**12**    Umstellen der Formel:

$$Z = \frac{K \cdot p}{100} \cdot \frac{t}{360} \qquad \Big| \cdot \frac{100}{K \cdot p}$$

$$Z \cdot \frac{100}{K \cdot p} = \frac{t}{360} \qquad | \cdot 360$$

$$t = Z \cdot \frac{100}{K \cdot p} \cdot 360$$

Berechnung:

$$t = 5 \, € \cdot \frac{100}{5\,000 \, € \cdot 4} \cdot 360 = 9$$

Nach 9 Tagen betragen Leas Zinsen genau 5 €.

---

**13**    a) Fehler:      $= \ x^2 + 14x + \boxed{14} - 7x \ \boxed{+} \ 21$

         Berichtigung:   $= \ x^2 + 14x + 49 - 7x - 21$

         Vereinfachung: $= \ x^2 + 7x + 28$

   b) Beim ersten Fehler hat Hannes 2 · 7 gerechnet, anstatt $7^2$.

      Beim zweiten Fehler hat er das Minuszeichen vor der Klammer nicht berücksichtigt.

---

**14** 
$$(x+3)^2 - 5(x-2) - 2x^2 = 124 - x^2$$
$$x^2 + 6x + 9 - 5x + 10 - 2x^2 = 124 - x^2$$
$$-x^2 + x + 19 = 124 - x^2 \qquad | + x^2 \qquad | -19$$
$$x = 105$$

---

**15**    $u = 2a + 2b$

   a)   I    $a + b = 20$    falsch

       II   $a - 2 = b$    wahr

b

a

   b)   Richtige Lösung

       I    $2a + 2b = 20$     wahr

       II        $a = b + 2$     wahr

   c)   I     $2a = 20 - 2b$    wahr

       II   $a + 2 = b$        falsch

   d)   I     $2a = 20 + 2b$   falsch

       II   $a - b = 2$       wahr

**16**   α ist Stufenwinkel zu 55°, also α = 55°.
β ist Scheitelwinkel zu 70°, also β = 70°.
α + β + γ = 180° (Winkelsumme im Dreieck)
$$\gamma = 180° - \alpha - \beta$$
$$\gamma = 180° - 55° - 70° = 55°$$

*Alternative Lösung:*
δ ist Stufenwinkel zu 70°, also δ = 70°.
γ + δ + 55° = 180° (Nebenwinkel)
$$\gamma = 180° - \delta - 55°$$
$$\gamma = 180° - 70° - 55° = 55°$$

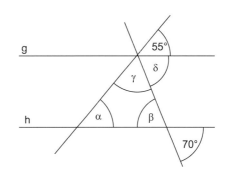

**17**   Aus dem Strahlensatz folgt:
$$\frac{9\,\text{m}}{36\,\text{m} + 9\,\text{m}} = \frac{6\,\text{m}}{\text{h}} \qquad | \cdot \text{h}$$
$$\text{h} \cdot \frac{9\,\text{m}}{45\,\text{m}} = 6\,\text{m} \qquad \left| \cdot \frac{45\,\text{m}}{9\,\text{m}} \right.$$
$$\text{h} = 6\,\text{m} \cdot \frac{45\,\text{m}}{9\,\text{m}} = 30\,\text{m}$$

Der Turm ist 30 m hoch.

**18**   Gegeben: $V = 150$ Liter $\triangleq 150\,\text{dm}^3$
$$a = 5\,\text{dm}$$
$$b = 6\,\text{dm}$$

Gesucht:   c

Formel:   $V = a \cdot b \cdot c \qquad | : (a \cdot b)$
$$c = \frac{V}{a \cdot b}$$
$$c = \frac{150\,\text{dm}^3}{30\,\text{dm}^2}$$
$$c = 5\,\text{dm}$$

Die Höhe muss mindestens 5 dm betragen.

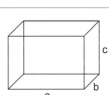

**19**

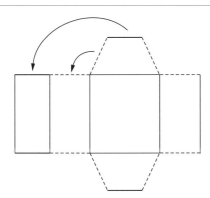

**20** a) $V = (c^2 - 4a^2) \cdot h$     wahr

    b) $V = 4 \cdot a \cdot b \cdot h + b^2$     falsch

    c) $V = c^2 \cdot h - 4 \cdot a^2 \cdot h$     wahr

    d) $V = c^2 \cdot h - 4 \cdot a \cdot b$     falsch

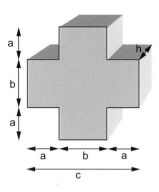

Bei den richtigen Lösungen wird das gesuchte Volumen berechnet, indem vom umgebenden großen Quader mit Vorderkanten c, die 4 kleinen Quader mit Vorderkanten a abgezogen werden.

# Hauptteil II

**21** a) Zuerst müssen die Seite b und die Höhe h im Trapez berechnet werden.

Berechnung der Höhe h:

$$\tan 65° = \frac{h}{2\ \text{cm}} \qquad | \cdot 2\ \text{cm}$$

$$\tan 65° \cdot 2\ \text{cm} = h$$

$$h \approx 4,29\ \text{cm}$$

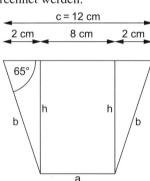

Berechnung der Seite b:

$$\cos 65° = \frac{2\ \text{cm}}{b} \qquad | \cdot b$$

$$\cos 65° \cdot b = 2\ \text{cm} \qquad | : \cos 65°$$

$$b = \frac{2\ \text{cm}}{\cos 65°}$$

$$b \approx 4,73\ \text{cm}$$

*Hinweis:* Die Seite b kann man auch mit dem Satz des Pythagoras berechnen.

Berechnung der Trapezfläche (Grundfläche):

$$G = \frac{a+c}{2} \cdot h$$

$$G = \frac{8\ \text{cm} + 12\ \text{cm}}{2} \cdot 4,29\ \text{cm}$$

$$G = 42,9\ \text{cm}^2$$

Berechnung des Mantels:

$$M = u \cdot h_k$$

$$M = (2b + a + c) \cdot h_k$$

$$M = (2 \cdot 4,73\ \text{cm} + 8\ \text{cm} + 12\ \text{cm}) \cdot 15\ \text{cm}$$

$$M = 441,9\ \text{cm}^2$$

Berechnung der Oberfläche:

$$O = 2 \cdot G + M$$

$$O = 2 \cdot 42,9\ \text{cm}^2 + 441,9\ \text{cm}^2$$

$$O = 527,7\ \text{cm}^2$$

Berechnung der zusätzlichen 16 %:

16 % von $527,7\ \text{cm}^2$ sind $0,16 \cdot 527,7\ \text{cm}^2 = 84,432\ \text{cm}^2$

Insgesamt sind es dann $527,7\ \text{cm}^2 + 84,432\ \text{cm}^2$

$$= 612,132\ \text{cm}^2$$

$$\approx 612\ \text{cm}^2 \ (\hat{=} 116\ \%)$$

Es werden $612\ \text{cm}^2$ Pappe für die Herstellung einer Verpackung benötigt.

b) Berechnung des Volumens:

$$V = G \cdot h_k$$

$$V = 42,9\ \text{cm}^2 \cdot 15\ \text{cm}$$

$$V = 643,5\ \text{cm}^3$$

Berechnung der Masse:

$$1\ \text{cm}^3 \ \hat{=}\ 1,56\ \text{g} \qquad | \cdot 643,5\ \text{cm}^3$$

$$643,5\ \text{cm}^3 \ \hat{=}\ 1\,003,86\ \text{g}$$

*Alternative Lösungsmöglichkeit:*

Berechnung mit der Dichteformel: $m = V \cdot \rho$

Die Masse an Salz, die maximal in eine Verpackung passt, beträgt $1\,003,86$ g.

**22**  a) Stelle die Volumenformel des Kegels so um, dass die Höhe berechnet werden kann.

Das Volumen ($V = 650$ cm³) und der Durchmesser ($d = 12$ cm) sind gegeben.

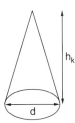

$$V = \frac{1}{3} \pi \cdot r^2 \cdot h_k \qquad | \cdot 3 \quad | : (\pi \cdot r^2)$$

$$\frac{3 \cdot V}{\pi \cdot r^2} = h_k$$

$$h_k = \frac{3 \cdot V}{\pi \cdot r^2}$$

$$h_k = \frac{3 \cdot 650 \text{ cm}^3}{\pi \cdot (6 \text{ cm})^2}$$

$$h_k \approx 17 \text{ cm}$$

Der Kegel müsste eine Höhe von 17 cm haben, damit 650 cm³ Zucker hineinpassen.

b) Richtige Antwort: 80 cm³

Für den zu betrachtenden Kegel gilt: $h_k' = 8,5$ cm und $r' = 3$ cm

Berechnung des Volumens:

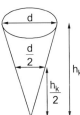

$$V = \frac{1}{3} \pi \cdot (r')^2 \cdot h_k'$$

$$V = \frac{1}{3} \pi \cdot (3 \text{ cm})^2 \cdot 8,5 \text{ cm}$$

$$V \approx 80 \text{ cm}^3$$

*Alternative Lösung:*

Man begründet das Ergebnis anhand der Volumenformel $V = \frac{1}{3} \pi \cdot r^2 \cdot h_k$.

In den ganzen Kegel passen 650 cm³ Zucker. Bei halbem Radius passt nur noch ein Viertel der Menge

hinein (also 162,5 cm³), da der Radius in der Formel quadriert wird: $\left(\frac{r}{2}\right)^2 = \frac{r^2}{4}$

Zusätzlich ist die Höhe $h_k$ zu halbieren. Deshalb muss der vorige Wert nochmals halbiert werden.

Es passen also 81,25 cm³ in den bis zur halben Höhe gefüllten Kegel.

---

**23**  a) Im Dreieck ABC sind die beiden Seiten a und c, sowie der Winkel β gegeben.

$a = 320$ m

$c = 410$ m

$\beta = 120°$

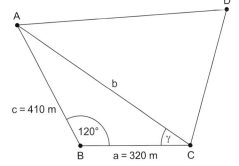

Da das Dreieck nicht rechtwinklig ist, muss man mit dem Sinussatz und Kosinussatz arbeiten.

Berechnung der Länge der Seite b mit dem Kosinussatz:

$$b^2 = a^2 + c^2 - 2ac \cdot \cos \beta$$

$$b^2 = (320 \text{ m})^2 + (410 \text{ m})^2 - 2 \cdot 320 \text{ m} \cdot 410 \text{ m} \cdot \cos 120°$$

$$b^2 = 401\,700 \text{ m}^2$$

$$b = 633,7980751 \text{ m} \approx 634 \text{ m}$$

Berechnung des Winkels γ mit dem Sinussatz:

$$\frac{b}{\sin \beta} = \frac{c}{\sin \gamma} \qquad | \cdot \sin \gamma \quad | \cdot \sin \beta$$

$$b \cdot \sin \gamma = c \cdot \sin \beta \qquad | : b$$

$$\sin \gamma = \frac{c \cdot \sin \beta}{b}$$

$$\sin \gamma = \frac{410 \text{ m} \cdot \sin(120°)}{634 \text{ m}}$$

$$\gamma \approx 34,1°$$

Die Straße, die von A nach C führt, hat eine Länge von 634 m und trifft in einem Winkel von 34,1° auf die Straße, die von B nach C führt.

b) Zur Lösung muss der Flächeninhalt des Dreiecks ABC bestimmt werden. Formel: $A = \dfrac{g \cdot h}{2}$

Als Grundseite wird die Seite b gewählt, da die Höhe $h_b$ mit dem Sinus von γ berechnet werden kann.

Berechnung der Höhe $h_b$:

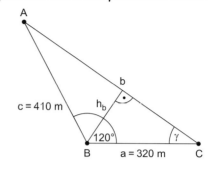

$$\sin \gamma = \frac{h_b}{a} \qquad | \cdot a$$

$$\sin \gamma \cdot a = h_b$$

$$h_b = \sin(34{,}1°) \cdot 320 \text{ m}$$

$$h_b \approx 179{,}4 \text{ m}$$

Berechnung des Flächeninhalts:

$$A = \frac{b \cdot h_b}{2}$$

$$A = \frac{634 \text{ m} \cdot 179{,}4 \text{ m}}{2}$$

$$A = 56\,869{,}8 \text{ m}^2$$

Berechnung der verbleibenden Fläche:

Werden 65 % für Zufahrten und Bepflanzungen abgezogen verbleiben 35 % zum Bebauen.

$$100\,\% \mathrel{\hat=} 56\,869{,}8 \text{ m}^2 \qquad |:100$$

$$1\,\% \mathrel{\hat=} 568{,}698 \text{ m}^2 \qquad |\cdot 35$$

$$35\,\% \mathrel{\hat=} 19\,904{,}43 \text{ m}^2 \approx 19\,904 \text{ m}^2$$

Die zur Verfügung stehende Fläche wird durch 500 geteilt: $19\,904 \text{ m}^2 : 500 \text{ m}^2 = 39{,}808$

Da pro Bungalow *mindestens* eine Fläche von 500 m² zur Verfügung stehen muss, kann es maximal 39 Bungalows geben. Für den 40-sten Bungalow würden nur 404 m² zur Verfügung stehen.

---

**24** a) Stellt man die Geraden eines linearen Gleichungssystems ohne Lösung grafisch dar, so verlaufen die Geraden parallel. Das zugehörige Gleichungssystem hat keine Lösung, da parallele Geraden keinen Schnittpunkt haben.

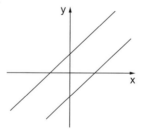

b) Es gibt viele verschiedene Lösungsmöglichkeiten. Eine mögliche Lösung lautet:

$$\begin{array}{ll} \text{I} & x+y=1 \\ \text{II} & x+y=2 \end{array} \quad \Leftrightarrow \quad \begin{array}{ll} \text{I} & y=-x+1 \\ \text{II} & y=-x+2 \end{array}$$

Allgemein: Sind die Steigungen der Funktionsgleichungen gleich (hier: −1), die y-Achsenabschnitte jedoch verschieden (hier: 1 bzw. 2), hat das Gleichungssystem keine Lösung.

# Wahlaufgaben

**25** Anna muss den Flächeninhalt der beiden Törtchen berechnen und prüfen, ob der Preis dem jeweiligen Flächeninhalt entspricht. Der Radius des kleinen Törtchens beträgt $r_k = 4$ cm, der des großen $r_g = 8$ cm.

Berechnung der Flächeninhalte der beiden Törtchen:

$$A_k = \pi \cdot r_k{}^2 \qquad\qquad A_g = \pi \cdot r_g{}^2$$

$$A_k = \pi \cdot (4 \text{ cm})^2 \qquad\qquad A_g = \pi \cdot (8 \text{ cm})^2$$

$$A_k \approx 50{,}27 \text{ cm}^2 \qquad\qquad A_g \approx 201{,}06 \text{ cm}^2$$

Verhältnis der beiden Flächeninhalte:

$$\frac{A_g}{A_k} = \frac{201,06\ cm^2}{50,27\ cm^2} \approx 4$$

Das große Törtchen ist demnach viermal so groß.

*Alternative Lösung:*

Man begründet ohne konkrete Rechnung anhand der Flächenformel des Kreises: $A = \pi \cdot r^2$

Der Radius des großen Törtchens ist doppelt so groß, also muss der Flächeninhalt viermal so groß sein, da der Radius quadriert wird: $A_g = \pi \cdot (2r_k)^2 = \pi \cdot 4r_k^2 = 4 \cdot A_k$.

(Vielfältige andere Argumentationen sind hier denkbar. Z. B. kann man die Fläche des kleinen Törtchens mit 3 multiplizieren und feststellen, dass die Fläche kleiner ist, als die des großen Törtchens, usw.)

Das große Törtchen ist viermal so groß wie das kleine Törtchen, kostet aber nur dreimal so viel. Deshalb sollte Anna besser ein großes Törtchen kaufen.

---

**26**   Flächeninhalt des kleinen Rechtecks:

$A_k = 27\ cm \cdot 16\ cm$

$A_k = 432\ cm^2$

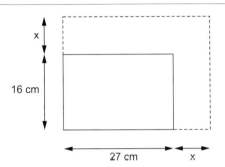

Der Flächeninhalt des großen Rechtecks beträgt 408 cm² mehr:

$A_g = 432\ cm^2 + 408\ cm^2 = 840\ cm^2$

Nach der Verlängerung der beiden Seiten gilt für die Seitenlängen des großen Rechtecks:

$a = 16 + x$

$b = 27 + x$

Somit erhält man folgende Gleichung für den Flächeninhalt des vergrößerten Rechtecks:

$840 = (16 + x)(27 + x)$       Dies ist eine quadratische Gleichung.

$840 = 432 + 16x + 27x + x^2$     Zur Lösung muss man sie zuerst in die Normalform

$840 = x^2 + 43x + 432$   $|-840$     umformen. Dann kann man sie mit der p-q-Formel

$\ \ \ 0 = x^2 + 43x - 408$     oder der quadratischen Ergänzung lösen.

Lösung mit der p-q-Formel:

$p = 43;\ q = -408$

$$x_{1,2} = -\frac{p}{2} \pm \sqrt{\left(\frac{p}{2}\right)^2 - q}$$

$$x_{1,2} = -\frac{43}{2} \pm \sqrt{\left(\frac{43}{2}\right)^2 - (-408)}$$

$$x_1 = 8;\ x_2 = -51$$

Da das Ergebnis nur positiv sein kann, ist $x = 8$.

$a = 16\ cm + 8\ cm = 24\ cm$

$b = 27\ cm + 8\ cm = 35\ cm$

In dem großen Dreieck ist die Seite $a = 24$ cm und die Seite $b = 35$ cm lang.

**27**  a)  Berechne den Bremsweg indem du die Geschwindigkeit durch 10 dividierst und das Ergebnis quadrierst.

| v in $\frac{km}{h}$ | Bremsweg in m |
|---|---|
| 0 | 0 |
| 10 | 1 |
| 20 | 4 |
| 30 | 9 |
| 40 | 16 |
| 50 | 25 |
| 60 | 36 |
| 70 | 49 |
| 80 | 64 |
| 90 | 81 |
| 100 | 100 |

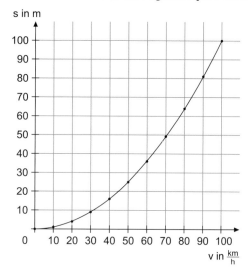

b)  Peters Behauptung ist falsch.

Wenn sich die Geschwindigkeit verdoppelt, so wird der Bremsweg viermal so lang. Z. B. bei einer Geschwindigkeit von 50 $\frac{km}{h}$ ist der Bremsweg 25 m, bei der doppelten Geschwindigkeit von 100 $\frac{km}{h}$ ist jedoch der Bremsweg 100 m.

Man kann auch anhand der Formel argumentieren:

Bei der Geschwindigkeit v ist der Bremsweg $\left(\frac{v}{10}\right)^2 = \frac{v^2}{100}$.

Bei der doppelten Geschwindigkeit 2v ist der Bremsweg $\left(\frac{2v}{10}\right)^2 = 4 \cdot \frac{v^2}{100}$, also viermal so lang.

c)  Berechne den Abstand indem du die Geschwindigkeit durch zwei dividierst.

| v in $\frac{km}{h}$ | Abstand in m |
|---|---|
| 0 | 0 |
| 10 | 5 |
| 20 | 10 |
| 30 | 15 |
| 40 | 20 |
| 50 | 25 |
| 60 | 30 |
| 70 | 35 |
| 80 | 40 |
| 90 | 45 |
| 100 | 50 |

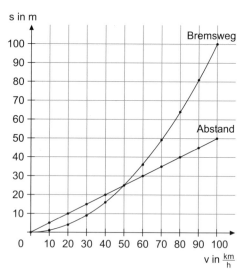

Die Abstandsregel ist nur bei niedrigen Geschwindigkeiten zwischen 0 und 50 $\frac{km}{h}$ wirklich sicher. Bei 50 $\frac{km}{h}$ ist der Abstand genau so groß wie der Bremsweg, danach ist der Bremsweg immer größer als der Abstand. Je höher die Geschwindigkeit, desto größer wird der Unterschied zwischen dem Bremsweg und dem Abstand. Es könnte zu Unfällen kommen, da der Abstand nicht ausreichen könnte um rechtzeitig zu bremsen. Z. B. bei 100 $\frac{km}{h}$ beträgt der Bremsweg 100 m, der einzuhaltende Abstand jedoch nur 50 m, es könnte zu einem Auffahrunfall kommen. Die Regel kann auch kritisch beleuchtet werden im Hinblick auf unterschiedliche Witterungsbedingungen und Straßenverhältnisse.

**28**  a)  Zeichnung für die Teilaufgaben a, b, c und d.

b)  Siehe Teilaufgabe a.

c)  $P_4(6\,|\,1)$; $g_3$: $y = 1$; $g_4$: $y = -1{,}5x + 10$

d)  Siehe Teilaufgabe a.

e)  p: $y = (x-4)^2 - 3$

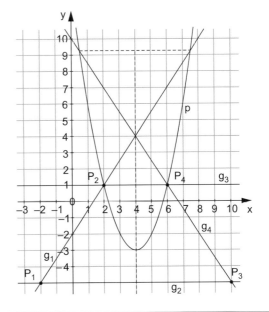

# Abschlussprüfung 2019

## Hauptteil I

**1** a) $\begin{array}{r} 240 \\ -\ 65 \\ \hline \mathbf{175} \end{array}$

Subtrahiere schriftlich. Notiere die Zahlen stellenweise untereinander.

b) $\begin{array}{r} 10,50 \\ +\ 0,95 \\ \hline \mathbf{11,45} \end{array}$

Addiere schriftlich. Notiere die Zahlen stellenweise untereinander. Dabei kannst du 10,5 in 10,50 umschreiben.

c) $12 \cdot (-6) = \mathbf{-72}$

Achte auf das Vorzeichen.

d) $\dfrac{5}{8} : 2 = \dfrac{5}{8} : \dfrac{2}{1} = \dfrac{5}{8} \cdot \dfrac{1}{2} = \dfrac{\mathbf{5}}{\mathbf{16}}$

Teile durch einen Bruch, indem du mit dem Kehrwert multiplizierst. Zwei Brüche multiplizierst du, indem du die beiden Zähler sowie die beiden Nenner multiplizierst.

*Alternativ:*

$\dfrac{5}{8} : 2 = \dfrac{10}{16} : 2 = \dfrac{\mathbf{5}}{\mathbf{16}}$

Alternativ kannst du den Bruch mit 2 erweitern, sodass ein gerader Zähler entsteht. Teile den Zähler dann durch 2.

**2** $95 + 5 \cdot (20 - 5) = 95 + 5 \cdot 15 = 95 + 75 = \mathbf{170}$

Beachte: Wert innerhalb der Klammern zuerst berechnen, dann Punkt- vor Strichrechnung durchführen.

**3** a) $2x + 3y + 4x - 5y = \mathbf{6x - 2y}$

Fasse gleiche Unbekannte zusammen, hier alle x und alle y.

b) $6x - 2y = 6 \cdot 2 - 2 \cdot (-1) = 12 - (-2) = \mathbf{14}$

Setze für x den Wert 2 und für y den Wert –1 in den vereinfachten Term aus Teilaufgabe a ein.

**4** $\begin{aligned} 2x + 5 &= -4x + 17 &&\ |+4x \\ 6x + 5 &= 17 &&\ |-5 \\ 6x &= 12 &&\ |:6 \\ \mathbf{x} &\mathbf{= 2} \end{aligned}$

Löse nach x auf. Bringe dazu alle Terme mit x auf eine Seite und alle Terme ohne x auf die andere Seite.

**5** a)

Die Anzahl der Dreiecke steigt bei jeder Figur um 2, d. h., es müssen 2 aneinanderhängende Dreiecke zur Figur 3 hinzugefügt werden.

b) Die Figur besteht aus **19** Dreiecken.

Die ersten drei Schritte der Reihe sind gegeben, es kommen immer zwei Dreiecke hinzu: 1, 3, 5

Die fehlenden 7 Schritte können ergänzt und abgezählt werden: 7, 9, 11, 13, 15, 17, 19

c) Für $x > 0$ gilt: Figur x hat **2x − 1** Dreiecke.

Ein Teilterm muss 2x sein, da mit jeder Figur 2 Dreiecke hinzukommen.

**6** a)

Die Umfangsformel für Quadrate lautet $u = 4a$. D. h., bei einem Quadrat mit dem Umfang $u = 14$ cm beträgt die Seitenlänge $a = u : 4 = 14$ cm $: 4 = 3,5$ cm.

✦ Hinweise und Tipps

b) ☐ verdoppelt sich der Flächeninhalt des Quadrates.

☒ vervierfacht sich der Flächeninhalt des Quadrates.

☐ verachtfacht sich der Flächeninhalt des Quadrates.

Berechne ein Beispiel: u = 4 cm und mit Verdopplung u = 8 cm. Berechne jeweils die Seitenlänge a und dann die Fläche mit A = a².

---

**7**  $\alpha = 58°$

$\beta = 148°$

Für den Winkel α ziehe 90° und 32° vom gestreckten Winkel 180° ab.

Da g und h parallel sind, ergibt 90° + α einen Stufenwinkel zu Winkel β. Stufenwinkel haben die gleiche Größe.

---

**8**  Gesamtpreis:
$6 \cdot 20 \, € = 120 \, €$

Preis pro Person bei 8 Mitfahrern:
$120 \, € : 8 = 15 \, €$

Jede Person muss jetzt **15 €** bezahlen.

Die Anzahl der Mitfahrer erhöht sich, daher reduziert sich der Preis pro Person (antiproportionale Zuordnung).

---

**9**  Gegeben:  $G = 400$
$W = 80$

Gesucht:  $p \, \%$

Berechnung des Prozentsatzes:

$$:400 \left( \begin{array}{ccc} 400 & \triangleq & 100\,\% \\ 1 & \triangleq & 0{,}25\,\% \\ 80 & \triangleq & 20\,\% \end{array} \right) :400$$
$$\cdot 80 \qquad\qquad\qquad\quad \cdot 80$$

Eine Ehrenurkunde erhielten **20 %** der Kinder.

400 Kinder sind der Grundwert und 80 Kinder der Prozentwert. Berechne den Prozentsatz mit dem Dreisatz.

Berechne zunächst, welchem Prozentsatz 1 Kind entspricht, und multipliziere dann das Ergebnis mit 80.

---

**10**  a) Mögliche Lösung:

b) Eine Färbung von $\frac{1}{3}$ ist nicht möglich, da die Zahl 3 nicht zur Teilmenge von 8 gehört und damit von den 8 Feldern nicht exakt $\frac{1}{3}$ gefärbt werden können.

Markiere jedes 4. Feld.

*Oder:*

Erweitere den Bruch $\frac{1}{4}$ so, dass im Nenner 8 steht. Der Zähler gibt dann die Anzahl der grauen Felder an.

Teilermenge: $T_8 = \{1, 2, 4, 8\}$

---

**11**  a) Die tiefste Temperatur wurde um **11:00** Uhr gemessen.

b) $0{,}4 \, \frac{\ell}{m^2} + 0{,}6 \, \frac{\ell}{m^2} + 0{,}8 \, \frac{\ell}{m^2} + 0{,}1 \, \frac{\ell}{m^2} + 0{,}1 \, \frac{\ell}{m^2} = 2{,}0 \, \frac{\ell}{m^2}$

$2{,}0 \, \frac{\ell}{m^2} : 5 = 0{,}4 \, \frac{\ell}{m^2}$

Die durchschnittliche Niederschlagsmenge beträgt
$\mathbf{0{,}4 \, \frac{\ell}{m^2}}$.

c) Die Temperatur verändert sich auch zwischen den einzelnen Messungen.

Beachte die Legende des Graphen.

Der Durchschnitt berechnet sich als Summe aller Werte geteilt durch die Anzahl der Werte.

# Hauptteil II

**1** a) $850\,€ \cdot 80\,\% = 850\,€ \cdot 0,80 = 680\,€$

Wird der Preis um 20 % reduziert, so beträgt der reduzierte Preis 80 % des ursprünglichen Preises.

*Alternative Berechnung mit dem Dreisatz:*
Preisnachlass:

$$:100 \ \left( \begin{array}{ccc} 100\,\% & \triangleq & 850\,€ \\ 1\,\% & \triangleq & 8,50\,€ \\ 20\,\% & \triangleq & 170\,€ \end{array} \right) \ :100$$

Du kannst auch den Preisnachlass in € mithilfe eines Dreisatzes bestimmen und diesen Betrag vom ursprünglichen Preis abziehen.

Der reduzierte Preis ist somit:
$850\,€ - 170\,€ = 680\,€$

b) Nein, er hat **nicht recht**.

*Begründung:*

I.  35 % Rabatt:
    $850\,€ \cdot 0,65 = 552,50\,€$

II. Erst 20 %, dann 15 % Rabatt:
    $(850\,€ \cdot 0,80) \cdot 0,85 = 578\,€$

Begründe durch eine Rechnung. Berechne den reduzierten Preis bei einer Reduzierung von 35 % sowie bei einer Reduzierung von 20 % und einer anschließenden Reduzierung von 15 %. Vergleiche.

**2** a)

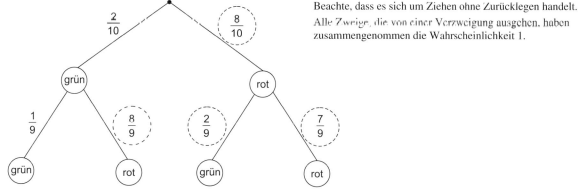

Beachte, dass es sich um Ziehen ohne Zurücklegen handelt. Alle Zweige, die von einer Verzweigung ausgehen, haben zusammengenommen die Wahrscheinlichkeit 1.

b) $P(\text{grün}; \text{grün}) = \dfrac{2}{10} \cdot \dfrac{1}{9} = \dfrac{2}{90} = \dfrac{1}{45}$

Verwende das Baumdiagramm. Beachte die 1. Pfadregel.

c) $P(\text{höchstens 1-mal grün})$
$= P(\text{grün}; \text{rot}) + P(\text{rot}; \text{grün}) + P(\text{rot}; \text{rot})$

$= \dfrac{2}{10} \cdot \dfrac{8}{9} + \dfrac{8}{10} \cdot \dfrac{2}{9} + \dfrac{8}{10} \cdot \dfrac{7}{9}$

$= \dfrac{16}{90} + \dfrac{16}{90} + \dfrac{56}{90} = \dfrac{88}{90} = \dfrac{44}{45}$

„Höchstens 1-mal grün" bedeutet 1-mal grün oder keinmal grün. Es gibt also mehr als eine Treffermöglichkeit, beachte die Summenregel.

*Alternativ:*
$P(\text{höchstens 1-mal grün}) = 1 - P(\text{grün}; \text{grün})$

$$= 1 - \dfrac{2}{90} = \dfrac{88}{90} = \dfrac{44}{45}$$

Du kannst auch mit dem Gegenereignis arbeiten.
Allgemein gilt:
$P(\text{Ereignis}) = 1 - P(\text{Gegenereignis})$

**3** a) $G_n = G_0 \cdot \left(1 - \dfrac{p}{100}\right)^n$

$G_{10} = 90\,°C \cdot \left(1 - \dfrac{8}{100}\right)^{10}$

$G_{10} = 90\,°C \cdot 0,92^{10} = 39,09\,°C$

Berechne mit der reduzierten Operatorschreibweise, nutze dann die Formel für den exponentiellen Zerfall:

$G_n = G_0 \cdot \left(1 - \dfrac{p}{100}\right)^n$

✦ Hinweise und Tipps

b) $G_5 = G_0 \cdot q^5$

$45\,°\mathrm{C} = 90\,°\mathrm{C} \cdot q^5 \qquad |:90\,°\mathrm{C}$

$0,5 = q^5 \qquad\qquad |\sqrt[5]{\phantom{x}}$

$q \approx 0,8706$

Prozentuale Abnahme pro Minute:

$\mathrm{p}\,\% = (1 - \mathrm{q}) \cdot 100\,\% = (1 - 0,8706) \cdot 100\,\% = 12,94\,\%$

Die Temperatur nimmt um 12,94 % pro Minute ab.

Nutze einen ähnlichen Ansatz wie in Teilaufgabe a.

Vorsicht: Der Prozentsatz hat sich geändert und ist gesucht.

Da es sich um eine Abnahme handelt, gilt hier:
$\mathrm{p} = (1-\mathrm{q}) \cdot 100$ bzw. $\mathrm{p}\,\% = (1-\mathrm{q}) \cdot 100\,\%$

---

**4** a) x: Preis für ein Glas Saft in €

y: Preis für ein Glas Wasser in €

I $\quad x + 4y = 13$

II $\quad 4x + 2y = 17$

Für das Gleichungssystem werden zwei Bedingungen benötigt. Jeder Satz liefert eine Bedingung und somit eine Gleichung. Beschreibe den Saftpreis mit x und den Wasserpreis mit y.

b) *Lösung mit dem Subtraktionsverfahren:*

I $\quad\;\; x + 4y = 13$

II $\quad 4x + 2y = 17 \qquad |\cdot 2$

II' $\; 8x + 4y = 34$

II' $-$ I liefert:

$7x = 21 \qquad |:7$

$\;\; x = 3$

x = 3 in I einsetzen:

$3 + 4y = 13 \qquad |-3$

$\;\;\; 4y = 10 \qquad |:4$

$\;\;\;\;\; y = 2,5$

Löse mit einem geeigneten Lösungsverfahren.

*Alternative Lösung mit dem Einsetzungsverfahren:*

I $\quad\;\; x + 4y = 13 \qquad |-4y$

I' $\quad\qquad x = 13 - 4y$

II $\quad 4x + 2y = 17$

I' in II einsetzen:

$4 \cdot (13 - 4y) + 2y = 17$

$\;\;\; 52 - 16y + 2y = 17$

$\qquad 52 - 14y = 17 \qquad |-52$

$\qquad\quad -14y = -35 \qquad |:(-14)$

$\qquad\qquad\quad y = 2,5$

y = 2,5 in I einsetzen:

$x + 4 \cdot 2,5 = 13$

$\;\; x + 10 = 13 \qquad |-10$

$\qquad\; x = 3$

*Alternative Lösung mit dem Gleichsetzungsverfahren:*

I $\quad\;\;\; x + 4y = 13 \qquad |-x$

I' $\qquad\;\; 4y = 13 - x \qquad |:4$

I'' $\qquad\quad y = 3,25 - 0,25x$

II $\quad 4x + 2y = 17 \qquad |-4x$

II' $\qquad\;\; 2y = 17 - 4x \qquad |:2$

II'' $\qquad\quad y = 8,5 - 2x$

✦ Hinweise und Tipps

Gleichsetzen I'' = II'':

$$3{,}25 - 0{,}25x = 8{,}5 - 2x \qquad |+2x$$
$$3{,}25 + 1{,}75x = 8{,}5 \qquad |-3{,}25$$
$$1{,}75x = 5{,}25 \qquad |:1{,}75$$
$$x = 3$$

$x = 3$ in I einsetzen:

$$3 + 4y = 13 \qquad |-3$$
$$4y = 10 \qquad |:4$$
$$y = 2{,}5$$

Ein Glas Saft kostet 3 € und ein Glas Wasser kostet 2,50 €.

*Alternative (falls mit dem angegebenen Gleichungssystem gerechnet wird):*

I $\quad 4x + y = 12$
II $\quad 2x + 4y = 13 \qquad |\cdot 2$
II' $\quad 4x + 8y = 26$

Subtraktionsverfahren II' − I:

$$7y = 14 \qquad |:7$$
$$y = 2$$

$y = 2$ in I einsetzen:

$$4x + 2 = 12 \qquad |-2$$
$$4x = 10 \qquad |:4$$
$$x = 2{,}5$$

---

**5** a) *Lösung mit der p-q-Formel:*

$$x_{1/2} = -\frac{p}{2} \pm \sqrt{\left(\frac{p}{2}\right)^2 - q}$$

Einsetzen von $p = -6$ und $q = 5$ liefert:

$$x_{1/2} = -\frac{-6}{2} \pm \sqrt{\left(\frac{-6}{2}\right)^2 - 5}$$

$$x_{1/2} = 3 \pm \sqrt{4}$$

$$x_{1/2} = 3 \pm 2$$

$$x_1 = 5 \text{ und } x_2 = 1$$

Berechne mit der Lösungsformel (p-q-Formel) oder mit der quadratischen Ergänzung.

*Alternative mit der quadratischen Ergänzung:*

$$x^2 - 6x + 5 = 0$$
$$x^2 - 2 \cdot 3 \cdot x + 3^2 - 3^2 + 5 = 0$$
$$(x-3)^2 - 9 + 5 = 0$$
$$(x-3)^2 - 4 = 0 \qquad |+4$$
$$(x-3)^2 = 4 \qquad |\sqrt{\phantom{x}}$$
$$x_{1/2} - 3 = \pm 2 \qquad |+3$$
$$x_1 = 5 \text{ und } x_2 = 1$$

b) Die Lösungen der Gleichung sind die Nullstellen des Graphen.

Überlege, für welche besonderen Punkte eines Graphen $y = 0$ gilt.

✦ Hinweise und Tipps

**6** a) $\sin\alpha = \dfrac{\text{Gegenkathete}}{\text{Hypotenuse}}$

$\sin 5° = \dfrac{20\text{ cm}}{x} \qquad |\cdot x$

$x \cdot \sin 5° = 20\text{ cm} \qquad |:\sin 5°$

$x = \dfrac{20\text{ cm}}{\sin 5°}$

$x \approx 229,47\text{ cm}$

Die Querschnittsfläche der Rampe ist ein rechtwinkliges Dreieck. Ein Winkel und eine Seite des rechtwinkligen Dreiecks sind bekannt. Was ist gesucht?

b) Gegeben: Hypotenuse $h = x = 229,47\text{ cm}$
Kathete $k_1 = 20\text{ cm}$
Gesucht: Kathete $k_2$

$k_1{}^2 + k_2{}^2 = h^2$

$(20\text{ cm})^2 + k_2{}^2 = (229,47\text{ cm})^2 \qquad |-(20\text{ cm})^2$

$k_2{}^2 = (229,47\text{ cm})^2 - (20\text{ cm})^2 \qquad |\sqrt{\ }$

$k_2 = \sqrt{(229,47\text{ cm})^2 - (20\text{ cm})^2}$

$k_2 \approx 228,60\text{ cm}$

Steigung:

$\dfrac{20\text{ cm}}{228,60\text{ cm}} \approx 8,75\,\% > 6\,\%$

Somit ist die Rampe nicht lang genug.

*Alternative Lösung:*
Annahme: Die Steigung beträgt 6 %. Dann gilt für den Steigungswinkel $\alpha$:

$\tan\alpha = 0,06$

$\alpha \approx 3,43°$

Da der Steigungswinkel der Rampe aber 5° beträgt, ist die Rampe zu steil und damit die Rampe nicht lang genug.

Beachte den Unterschied zwischen Grad und Prozent.
Die Hypotenuse und eine Kathete des rechtwinkligen Dreiecks sind bekannt. Berechne zunächst die zweite Kathete mit dem Satz des Pythagoras. Die Steigung in Prozent ist gleich dem Verhältnis der Katheten. Vergleiche das Ergebnis mit dem geforderten Wert von 6 %.

Du kannst auch den Winkel berechnen, der maximal zulässig ist. Nutze dazu $\tan\alpha = m$, wobei m die Steigung von 6 % ist. Vergleiche den maximal zulässigen mit dem tatsächlichen Steigungswinkel.

**7** a) Satz des Pythagoras:

$\left(\dfrac{a}{2}\right)^2 + h_a{}^2 = a^2$

$\left(\dfrac{4\text{ cm}}{2}\right)^2 + h_a{}^2 = (4\text{ cm})^2$

$4\text{ cm}^2 + h_a{}^2 = 16\text{ cm}^2 \qquad |-4\text{ cm}^2$

$h_a{}^2 = 12\text{ cm}^2 \qquad |\sqrt{\ }$

$h_a \approx 3,46\text{ cm}$

Die Seitenfläche ist ein gleichseitiges Dreieck:

Hier kann mit dem Satz des Pythagoras gerechnet werden.

b) $O_{\text{Oktaeder}} = 8\cdot\dfrac{a\cdot h_a}{2}$

$= 8\cdot\dfrac{4\text{ cm}\cdot 3,46\text{ cm}}{2} \approx 55,36\text{ cm}^2$

*Alternative mit $h_a = 3,52\text{ cm}$:*

$O_{\text{Oktaeder}} = 8\cdot\dfrac{a\cdot h_a}{2}$

$= 8\cdot\dfrac{4\text{ cm}\cdot 3,52\text{ cm}}{2} \approx 56,32\text{ cm}^2$

Die Oberfläche besteht hier aus 8 flächengleichen Dreiecken, die Grundfläche liegt beim Oktaeder „innen" und muss nicht berechnet werden.

# Wahlaufgaben

**1**     a)  $\alpha = 180° - 90° - 44° = 46°$

Subtrahiere die zwei bekannten Winkel von der Winkelsumme 180° im Dreieck.

b)     $\sin 46° = \dfrac{a_1}{18,5\ km}$     $\big|\cdot 18,5\ km$

$18,5\ km \cdot \sin 46° = a_1$

$a_1 \approx 13,31\ km$

*Alternative Berechnung mit dem Kosinus:*

$\cos 44° = \dfrac{a_1}{18,5\ km}$     $\big|\cdot 18,5\ km$

$18,5\ km \cdot \cos 44° = a_1$

$a_1 \approx 13,31\ km$

Im rechtwinkligen Dreieck gilt:

$\sin \alpha = \dfrac{\text{Gegenkathete}}{\text{Hypotenuse}}$

Es gilt auch:

$\cos \alpha = \dfrac{\text{Ankathete}}{\text{Hypotenuse}}$

c)  Skizze:

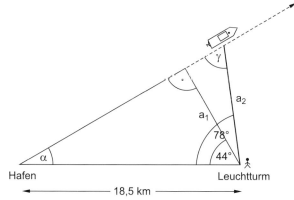

Die gegebene Grafik ist nicht maßstäblich, also muss das Winkelmaß nicht exakt stimmen. Wichtig ist, dass eine sinnvolle neue Position des Schiffes gewählt wird und die entsprechende Verbindungsstrecke sowie der neue Winkel $\beta_2$ eingezeichnet werden.

d)  Gegeben: $\alpha = 46°$; $\beta_2 = 78°$; $c = 18,5\ km$

$\gamma = 180° - 46° - 78° = 56°$

$\dfrac{a_2}{\sin \alpha} = \dfrac{c}{\sin \gamma}$

$\dfrac{a_2}{\sin 46°} = \dfrac{18,5\ km}{\sin 56°}$     $\big|\cdot \sin 46°$

$a_2 = \dfrac{18,5\ km}{\sin 56°} \cdot \sin 46°$

$a_2 \approx 16,05\ km$

*Alternative mithilfe des kleinen rechtwinkligen Dreiecks:*

Gegeben: $a_1 \approx 13,31\ km$

$\gamma = 180° - 46° - 78° = 56°$

$\sin \gamma = \dfrac{a_1}{a_2}$     $\big|\cdot a_2$

$a_2 \cdot \sin \gamma = a_1$     $\big|: \sin \gamma$

$a_2 = \dfrac{a_1}{\sin \gamma}$

$a_2 \approx \dfrac{13,31\ km}{\sin 56°}$

$a_2 \approx 16,05\ km$

Im großen Dreieck liegt kein rechter Winkel mehr vor, nutze daher den Sinussatz. Berechne dazu zunächst $\gamma$.

Du kannst auch das kleine rechtwinklige Dreieck betrachten, von dem die Seite $a_1$ bekannt ist und der Winkel $\gamma$ leicht berechnet werden kann:

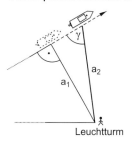

✦ Hinweise und Tipps

e) $\gamma = 180° - 46° - \beta = 134° - \beta$

$$\frac{x}{\sin \alpha} = \frac{c}{\sin \gamma}$$

$$\frac{x}{\sin 46°} = \frac{18,5 \text{ km}}{\sin(134° - \beta)} \quad \big| \cdot \sin 46°$$

$$x = \frac{18,5 \text{ km} \cdot \sin 46°}{\sin(134° - \beta)}$$

Drücke zunächst den Winkel $\gamma$ in Abhängigkeit vom Winkel $\beta$ aus. Verwende dann den Sinussatz.

---

**2**    a)   Gesamthöhe 24 cm   $\rightarrow$   Kegelhöhe 12 cm

         Durchmesser 9 cm   $\rightarrow$   Radius 4,5 cm

Beachte, dass die Gesamthöhe der Sanduhr und ihr Durchmesser oben und unten bekannt sind.

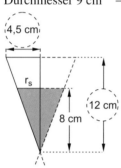

b) 
$$\frac{12 \text{ cm}}{8 \text{ cm}} = \frac{4,5 \text{ cm}}{r_s} \quad \big| \cdot r_s$$

$$\frac{12 \text{ cm}}{8 \text{ cm}} \cdot r_s = 4,5 \text{ cm} \quad \Big| \cdot \frac{8 \text{ cm}}{12 \text{ cm}}$$

$$r_s = 4,5 \text{ cm} \cdot \frac{8 \text{ cm}}{12 \text{ cm}}$$

$$r_s = 3 \text{ cm}$$

Nutze einen Strahlensatz. Verwende die Ergebnisse aus Teilaufgabe a.

c) 
$$V = \frac{1}{3} \cdot G \cdot h_k$$

$$V = \frac{1}{3} \cdot \pi \cdot r_s{}^2 \cdot h_k$$

$$V = \frac{1}{3} \cdot \pi \cdot (3 \text{ cm})^2 \cdot 8 \text{ cm}$$

$$V \approx 75,40 \text{ cm}^3$$

*Alternative Lösung mit $r_s = 4$ cm:*

$$V = \frac{1}{3} \cdot G \cdot h_k$$

$$V = \frac{1}{3} \cdot \pi \cdot r_s{}^2 \cdot h_k$$

$$V = \frac{1}{3} \cdot \pi \cdot (4 \text{ cm})^2 \cdot 8 \text{ cm}$$

$$V \approx 134,04 \text{ cm}^3$$

Nutze die Volumenformel für Kegel.

d) 
$$\tan 30° = \frac{h}{r}$$

$$\tan 30° = \frac{h}{4,5 \text{ cm}} \quad \big| \cdot 4,5 \text{ cm}$$

$$4,5 \text{ cm} \cdot \tan 30° = h$$

$$h \approx 2,60 \text{ cm}$$

Im rechtwinkligen Dreieck gilt:

$$\tan \alpha = \frac{\text{Gegenkathete}}{\text{Ankathete}}$$

Beachte, dass die Grundflächen des Sand- und des Glaskegels zu diesem Zeitpunkt gleich sind. Was gilt dann für die Radien?

✦ Hinweise und Tipps

e) $\quad \tan 30° = \dfrac{h}{9\,cm} \quad | \cdot 9\,cm$

$9\,cm \cdot \tan 30° = h$

$h \approx 5,20\,cm$

Ja, sie hat recht, denn 5,20 cm ist doppelt so viel wie 2,60 cm.

*Alternative Lösung mit dem Strahlensatz:*
Sind $r_1$ und $h_1$ der kleine Radius und die kleine Höhe sowie $r_2 = 2r_1$ und $h_2$ der große Radius und die große Höhe, so gilt:

$\dfrac{h_2}{h_1} = \dfrac{r_2}{r_1} \quad | \cdot h_1$

$h_2 = \dfrac{r_2}{r_1} \cdot h_1$

$h_2 = 2 \cdot h_1$

Überprüfe anhand eines Beispiels.

Du kannst die Aufgabe auch mit dem Strahlensatz lösen:

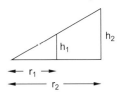

**3**  a) Vollständige Tabelle:

| Anzahl Tage x | 0 | 2 | 4 | 6 | 8 | 10 |
|---|---|---|---|---|---|---|
| Anzahl infizierte Computer y | 10 000 | **14 000** | **19 600** | **27 440** | **38 416** | 53 782 |

$\cdot 1,40 \quad \cdot 1,40 \quad \cdot 1,40 \quad \cdot 1,40$

Da die Anzahl infizierter Computer alle zwei Tage um 40 % zunimmt, beträgt sie jeweils 140 % des vorherigen Wertes. Berechne die fehlenden Werte, indem du jeweils den vorherigen Wert mit 1,40 (= 140 %) multiplizierst.

b) Zeichnung des Graphen:

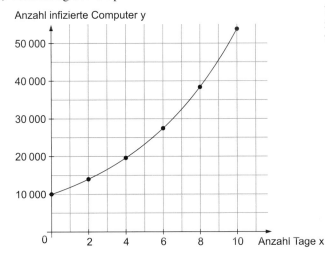

Übertrage die Koordinaten der Punkte aus der Wertetabelle in ein Koordinatensystem. Achte auf die richtige Beschriftung der Achsen.

c) $\quad G_n = G_0 \cdot \left(1 + \dfrac{p}{100}\right)^n$

$45\,000 = 10\,000 \cdot 1,40^n \quad | : 10\,000$

$4,5 = 1,40^n \quad | \log_{1,40}$

$\log_{1,40} 4,5 = n$

$n \approx 4,47$

Nach etwa 4,47 Schritten ist die Anzahl 45 000 erreicht. Somit sind nach 9 ganzen Tagen mindestens 45 000 Computer infiziert.

Nutze die Wachstumsformel:

$G_n = G_0 \cdot \left(1 + \dfrac{p}{100}\right)^n$

Beachte, dass ein Schritt in der Formel, also z. B. von $n = 1$ auf $n = 2$, dem Zeitraum von 2 Tagen entspricht.

*Alternative Lösung (grafisch):*

Anzahl infizierte Computer y

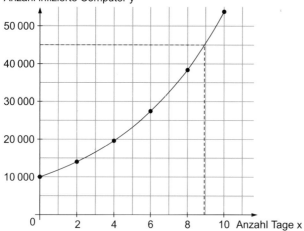

0   2   4   6   8   10  Anzahl Tage x

✎ Hinweise und Tipps

Du kannst auch den Graphen aus Teilaufgabe b nutzen. Prüfe, welcher x-Wert dem y-Wert 45 000 entspricht.

Der y-Wert 45 000 entspricht einem x-Wert von etwas weniger als 9. Nach 9 ganzen Tagen sind 45 000 Computer infiziert.

d) $G_n = G_0 \cdot \left(1 + \dfrac{p}{100}\right)^n$

Vier Tage früher bedeutet 2 Schritte zurück.

$G_{-2} = 10\,000 \cdot 1{,}40^{-2} \approx 5\,102$

4 Tage vor Beobachtungsbeginn sind 5 102 Computer infiziert.

e) $y_1 = 10\,000 \cdot 1{,}4^{\frac{x}{2}}$

Es handelt sich um $y_1$, da die Potenz durch zwei geteilt wird, sich die Schrittfolge also von zwei Tagen auf einen Tag halbiert.

Beachte, dass x die Anzahl der Tage beschreibt und x in der Formel im Exponenten steht. Der Exponent muss also geändert werden.

---

**4** a) Vollständige Tabelle:

| Breite x (in m) | −3 | −2 | −1 | 0 | 1 | 2 | 3 |
|---|---|---|---|---|---|---|---|
| Höhe y (in m) | −1,5 | **2,25** | 4,5 | **5,25** | **4,5** | **2,25** | −1,5 |

Setze in die Funktionsgleichung für x die Werte −2, 0, 1 und 2 ein.

✏ Hinweise und Tipps

b) Zeichnung des Graphen:

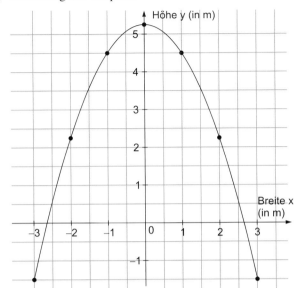

Übertrage die Koordinaten der Punkte aus der Wertetabelle in ein Koordinatensystem. Achte auf die richtige Beschriftung der Achsen.

c) Nur der Graph oberhalb der x-Achse bildet den Torbogen ab, da die x-Achse die Straße bzw. den Boden darstellt. Der Graph unterhalb der x-Achse hat in der Anwendung keine Bedeutung mehr.

Unterscheide zwischen Punkten des Graphen oberhalb der x-Achse und unterhalb der x-Achse.

d) Skizze:

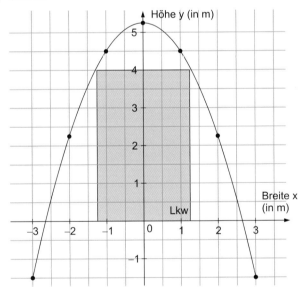

Platziere den Lkw symmetrisch um die y-Achse, sodass sich die Koordinaten $P_1(-1{,}25\,|\,4)$ und $P_2\,(1{,}25\,|\,4)$ als obere Eckpunkte ergeben.

e) $y = -0{,}75x^2 + 5{,}25$

$x = -1{,}25$ eingesetzt:

$y = -0{,}75 \cdot (-1{,}25)^2 + 5{,}25 \approx 4{,}08 > 4$

$x = 1{,}25$ eingesetzt:

$y = -0{,}75 \cdot 1{,}25^2 + 5{,}25 \approx 4{,}08 > 4$

Der Lkw passt also durch den Torbogen.

Setze die x-Werte der Punkte $P_1(-1{,}25\,|\,4)$ und $P_2(1{,}25\,|\,4)$ in die Funktionsgleichung ein.

Sollten sich Funktionswerte größer als 4 ergeben, passt der Lkw durch den Torbogen.

# Abschlussprüfung 2020

Das Corona-Virus hat im vergangenen Schuljahr auch die Prüfungsabläufe durcheinandergebracht und manches verzögert. Daher sind die Aufgaben und Lösungen zur Prüfung 2020 in diesem Jahr nicht im Buch abgedruckt, sondern erscheinen in digitaler Form.
Sobald die Original-Prüfungsaufgaben 2020 zur Veröffentlichung freigegeben sind, können die Lösungen als PDF auf der Plattform **MyStark** heruntergeladen werden. Deinen persönlichen Zugangscode findest du vorne im Buch.

## Prüfung 2020

**www.stark-verlag.de/mystark**

# ONLINE LERNEN

## mit **STARK** und
## **Study**Smarter

## STARK LERNINHALTE
## GIBT ES AUCH ONLINE!

**Deine Vorteile:**

✔ Auch einzelne Lerneinheiten – sofort abrufbar

✔ Gratis Lerneinheiten zum Testen

## WAS IST STUDYSMARTER?

StudySmarter ist eine intelligente **Lern-App** und **Lernplattform**, auf der du ...

✔ deine Mitschriften aus dem Unterricht hochladen,

✔ deine Lerninhalte teilen und mit der Community diskutieren,

✔ Zusammenfassungen, Karteikarten und Mind-Maps erstellen,

✔ dein Wissen täglich erweitern und abfragen,

✔ individuelle Lernpläne anlegen kannst.

**Google Play**

**Apple App Store**

StudySmarter – die Lern-App kostenlos bei Google Play oder im Apple App Store herunterladen. Gleich anmelden unter: ***www.StudySmarter.de/schule***

# Richtig lernen, bessere Noten

## 7 Tipps wie's geht

**1.** **15 Minuten geistige Aufwärmzeit** Lernforscher haben beobachtet: Das Gehirn braucht ca. eine Viertelstunde, bis es voll leistungsfähig ist. Beginne daher mit den leichteren Aufgaben bzw. denen, die mehr Spaß machen.

**2.** **Ähnliches voneinander trennen** Ähnliche Lerninhalte, wie zum Beispiel Vokabeln, sollte man mit genügend zeitlichem Abstand zueinander lernen. Das Gehirn kann Informationen sonst nicht mehr klar trennen und verwechselt sie. Wissenschaftler nennen diese Erscheinung „Ähnlichkeitshemmung".

**3.** **Vorübergehend nicht erreichbar** Größter potenzieller Störfaktor beim Lernen: das Smartphone. Es blinkt, vibriert, klingelt – sprich: es braucht Aufmerksamkeit. Wer sich nicht in Versuchung führen lassen möchte, schaltet das Handy beim Lernen einfach aus.

**4.** **Angenehmes mit Nützlichem verbinden** Wer englische bzw. amerikanische Serien oder Filme im Original-Ton anschaut, trainiert sein Hörverstehen und erweitert gleichzeitig seinen Wortschatz. Zusatztipp: Englische Untertitel helfen beim Verstehen.

**5.** **In kleinen Portionen lernen** Die Konzentrationsfähigkeit des Gehirns ist begrenzt. Kürzere Lerneinheiten von max. 30 Minuten sind ideal. Nach jeder Portion ist eine kleine Verdauungspause sinnvoll.

**6.** **Fortschritte sichtbar machen** Ein Lernplan mit mehreren Etappenzielen hilft dabei, Fortschritte und Erfolge auch optisch sichtbar zu machen. Kleine Belohnungen beim Erreichen eines Ziels motivieren zusätzlich.

**7.** **Lernen ist Typsache** Die einen lernen eher durch Zuhören, die anderen visuell, motorisch oder kommunikativ. Wer seinen Lerntyp kennt, kann das Lernen daran anpassen und erzielt so bessere Ergebnisse.

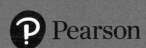